実話怪談
揺籃蒐

神沼三平太

竹書房
怪談
文庫

※本書に登場する人物名は、様々な事情を考慮してすべて仮名にしてあります。また、作中に登場する体験者の記憶と体験当時の世相を鑑み、極力当時の様相を再現するよう心がけています。現代においては若干耳慣れない言葉・表記が登場する場合がありますが、これらは差別・侮蔑を意図する考えに基づくものではありません。

まえがき

揺籃とはゆりかごのことである。

長年、実話怪談の取材をしていると、たとえ偶然であったとしても、体験してしまった結果、その後の人生に大きく影を落とす怪異体験談と出会うことがある。

それはあたかもゆりかごのように、体験者自身を取り込み、育んでいく。

中でも長く続く怪異は、その後の人生を大きく方向付けてしまう。そしてそのような長く続く怪異を書くためには、それなりの紙幅が必要となる。このような事情もあり、過去にはなかなかそのような怪異を紹介することができずにいた。だが本「蒐」シリーズでは、収録する話数にこだわらず、長く連鎖する怪異も紹介する。また、本書とともに、昨年刊行の『凄惨蒐』も合わせて楽しんでいただければ幸いである。

今回は特に幼い頃、若い頃に体験した話を中心に紹介していく。

いつものことではあるが、本書を通じて何が起きても恨みっこなし。

お互い無事でしたら、再度巻末でお目に掛かりましょう。

著者

目次

うわごと

都内の女子大学に通う青木さんから聞かせてもらった話である。

「祖母が病気で死ぬ直前のことなんですが、数週間に亘って、ずっと独り言を呟き続けていたんです」

彼女の祖母はもう九十歳近くで、入院も一年以上となっていた。一人のときはもとより、親族が見舞いに来ているときも、変わらず独り言を呟き続けていた。

認知症を発症して、胡乱《うろん》になっているのだろう。皆そう考えていた。

だが、その言葉をよく聞いてみると、祖母は既に他界した親族と会話しているようだった。彼らの名前を呼びながら「もうすぐ会えるからね」と繰り返すのだ。

中には青木さんの知らない名前もあったが、両親に確認すると、既に他界している祖母の姉や兄などの名前だという。

「思い返すと、祖母は早いうちから死期を悟っていたようにも思います。病気の進行はそこまで速くなかったですけど、徐々に悪くなっているのは本人も分かっていたでしょうし」

半年前までは飲み込めていたものが、なかなか飲み込めなくなった。口に入れたものをくちゃくちゃと何分でも噛み続ける。飲み込めないので体重が減る。そうなると点滴で栄養を補う形になる。

実際、入院前に比べて、ふた回りは小さくなってしまった気がする。

腕にはずっと点滴の針を刺したままだ。

それが疼《うず》くのだと、以前は愚痴ったりもした。

だが、もうそれもない。彼女の目は生者の側を向いていない。死者の側に向けられ、死者と会話を繰り返していた。

「祖母の独り言に、生きている人は一人もいなかったんです。そこが不思議でした。混ざってしまったりはしないもんなんでしょうか――」

記憶が曖昧になれば、親族の生死だって覚束《おぼつか》なくなるものだろう。だが、祖母は死者とだけ会話をし、生者のことは一切無視し続けていた。

だから、祖母の語りの中に、彼女の弟、青木さんにとっての大叔父の名前が出てきたときは驚いたという。

「あんた急に来たね。不躾だよ」

「それにしても、事故だからって、姉より先に逝くなんて、不幸者だね」

「あんた、残した家族はどうするんだい――」

祖母はその場にいない大叔父のことを繰り返し詰《なじ》った。

大叔父はまだ生きているはずだ。

祖母を見舞っていた青木さんは、眼前で繰り広げられる独りきりのやりとりを聞いて不思議に思った。

少なくとも、大叔父と年賀状のやりとりは続いているし、亡くなったという話も聞いていない。

祖母の独り言に登場するのは死者に限られているのではなかったのか。

今だって祖母は目の前にいる孫のことは目に入っていないかのように振る舞っている。

生きている人間は、彼女の世界に入り込めないのだ。

心がざわめいた。

病院から帰宅すると、大叔父が交通事故で亡くなったとの話を聞かされた。

事故の時刻は、青木さんが祖母を見舞っていた、正にそのタイミングだった。

吊り橋

有希さんがまだ中学生の頃の話だ。

家族で二泊三日の旅行へ行った。その最終日は、午前中の早い時間に宿を出て、近隣の名勝旧跡などを辿りながら、帰宅するというスケジュールだった。

通りがかりの岬に灯台があるという話は、宿のパンフレットなどで確認していた。海沿いに周遊路が整備されており、風光明媚だという。

「やっぱり近くまで遊びに来たんだから行かないとね」

後部座席の母の一声で、弟と妹が喜びの声を上げた。一方で助手席から父の様子を確認すると、表情をなくしていた。

――吊り橋？　お父さん渡れるのかしら。

彼は娘に心配されるほどの高所恐怖症なのだ。

岬の駐車場に車を入れると、白い灯台が見えた。

売店やキッチンカーも出ていて、観光スポットの賑わいに気持ちも上がる。

「あっちから吊り橋に行くコースが始まるみたいだよ」

駆けていった弟が、すぐに戻ってきて報告してくれた。

「俺、ここで何か食いながら待っていてもいい――」

「それじゃ、行きましょう」

不安そうな顔をした父を遮って、母が宣言した。

――お父さん、渡れないかもしれないのに。

そういうことには全く気が付かないのか、気が付いていたとしても自分の興味を優先する母の態度に、有希さんは心の中で溜め息を吐いた。

案内板に従って歩道を進んでいくと、観光用の周遊路は岩場の狭い道を歩いていくコースだった。ところどころすれ違いもできないほど狭くなっており、アップダウンも激しい。何より、片側は崖になっており、覗き込むと吸い込まれるようだった。

――これ、ちょっとお父さんには厳しいんじゃないかしら。

父は案の定、真っ青な顔をして、必死に崖側から目を逸らしている。

それでも遅れないようにと家族に付いてくる。有希さんとしては車で待っていてくれてもよかったのだが、そんなことを口にすると母の機嫌が悪くなるのも分かりきっていた。

まぁ、仕方ないよね。お母さんに言っても聞かないし。

少し疲労を感じ始めた頃に、先に吊り橋が見えた。振り返ると灯台がよく見えるロケーションで、観光地として人気があるのにも頷ける。

頑丈に作られた吊り橋は、子供でもはしゃぎすぎなければ危険はない。

今日は日差しも暖かく、風も穏やかだ。

確かに観光日和なのだろう。横を何組もの観光客が通り過ぎていく。

まだ小学生の弟と妹は、楽しそうに橋へと足を踏み出し、母もそれを追っていく。

「お父さん、大丈夫?」

父だけが取り残されたように、橋の袂で躊躇《ちゅうちょ》しているのが傍目にも分かった。

心配した有希さんだけがその場に残った。

「大丈夫？　顔色悪いけど」

「僕はここで少し休んでいくから、橋を渡った先で何か食べていたら良いよ」

「また様子見にくるから」

父の高所恐怖症は年々酷くなっていく。ここに来るまでの道すがらも、途中からは娘の鞄を掴んでいたくらいだ。一人で吊り橋を渡るなど、もっての外だろう。

吊り橋からは、打ち付ける波が白く砕ける様子がよく見えた。

橋を渡りきると、母が待っていた。弟と妹は飽きてしまったらしく、もう帰ろうとしきりに母に訴えていた。

「お父さん、先に何か食べてって言ってたよ」

「また高いところだからって、歩けなくなっちゃってるんでしょ。本当に意気地がないわねぇ」

母は弟妹の二人の手を取り、先に歩いていく。

有希さんは父の元へ戻り、何とか先に行こうと促す。

父の足が震えているのが分かった。

「目を瞑ると危ないから、橋を渡るときに、あたしの肩を掴んでもいいよ。橋の向こうはもう高いところもないし。ねぇ、行こう？」

その言葉に父は首を横に振った。

「もうちょっと。もうちょっとだけ待ったほうがいいんだ」

何人もの観光客が、不思議そうな表情を浮かべながら横をすり抜けていく。

父の視線は、吊り橋の中央付近をじっと見つめている。

——ああ、これは高いところが苦手という理由とは違うんだ。

先ほど渡っていったカップルが、橋の真ん中を過ぎると、父は笑みを浮かべた。

「有希。行くぞ」

父は、先ほどまでの様子とは打って変わって、しっかりとした足取りで歩き出した。

父はカップルが先に橋を渡り終えたのを見て、安堵《あんど》したように深く息を吐いた。


待ちくたびれている家族と合流した。

弟も妹も、キッチンカーで揚げ物を買ってもらって上機嫌だった。母はなかなか橋を渡れなかった父のことを呆れたような顔で見た。

「随分待ったわよ」

「ごめんごめん。高いところは足が竦んでしまって——」

車に乗る前にドリンクが欲しいと母が言い出したので、買ってくることにした。有希さんと父とで自販機に向かう。

そのとき、父は許しでも乞うかのようなか細い声で呟いた。

「あの橋な。下から呼ぶ声と、時々黒い手が何本も伸びてるのが見えたんだ。このまま渡ったら引きずられるなって思ったから、足が震えて進めなくてね。黒い手はあのカップルのことを掴んだから、渡るのは今だと思ったんだ——」

父は時々こうやって、視えない世界のことを教えてくれる。

しかし、父の話が本当だとしたら酷い話であるような気がする。自分の代わりにカップルを身代わりにしたということではないか。

しかし、父は無事だったし、カップルもあの場で何かあった訳ではない。

だから、どう判断すればいいのか、有希さんにはよく分からなかった。

「あの二人には気を付けて帰ってほしいなぁ」

ペットボトルを抱えて車に戻る途中、派手なエンジン音を轟かせるスポーツカーが横をすり抜けていった。あのカップルだった。

父の顔を振り返ると、車に視線を注いだまま、顔色を青くしていた。

「その手って、まだ二人のことを握ってるの?」

父は黙って頷いた。


途中の国道は、事故渋滞で抜けるまでに時間が掛かった。

弟と妹は、疲れたのか寝てしまっていたが、母はまだ家に着かないのかと、始終文句を並べていた。

事故現場を通りがかったとき、前面がぺしゃんこになって横転している車は、先ほどのスポーツカーだった。

咄嗟に父のことを見ると、彼は事故から目を逸らしていた。

有希さんは帰宅してから父に確認した。すると、想像通りの答えが返ってきた。

「まだ、黒い手がまとわり付いていたからね。関わりたくなかったし——。下手したら、こちらに来るところだったんだよ」

黒いボール

冬の日のことだった。藤本は午後七時過ぎに住んでいるマンションに帰宅した。

マンション自体は四階建てのこぢんまりした建物で、各階に三戸ずつ、合計十二戸ある。ただ古いのと駅からバスに乗らないといけないこともあって、最近は半分くらいは空いているらしい。

エレベータを降りると、廊下では蛍光灯がちらついていて、妙に陰鬱な気配がしている。

明日にでも管理会社に電話するか。

廊下を歩きながらそんなことを考える。

隣の部屋のドアの前を通り過ぎるときに、ドアの下に黒い球体が転がっているのに気付いた。サイズはちょうど野球のボールほどだ。材質は分からないが、子供の使うゴムボールのようなものだろう。

藤本には、そのボールが気になった。それの存在に違和感を覚えたからだ。彼の部屋は最上階の一番奥だ。隣の部屋には鈴木という七十代の男性が独りで住んでいる。エレベータ側に近い一戸は、藤本が越してきてから十年に亘って誰も入った覚えがない。

何でゴムボールが落ちているのだろう。

隣の男性がそんなものを持っているとも思えないし、誰かが悪戯で置いたとも思えない。

だが、それ以上気にするのもどうかと思ったので、藤本は軋《きし》むドアを開けて部屋に入った。


救急車のサイレンが近づいてくる音で起こされた。時計を見るとまだ午後九時を過ぎたばかりだった。一時間ほど寝てしまったらしい。サイレンはますます大きくなり、目の前の道路で停まった。

ここか向かいのマンションのいずれかだろう。すると複数の人間が廊下を慌ただしく行き交う音が聞こえた。お隣さんが救急車を呼んだのだと気付いた。

藤本は、玄関まで移動してドアを薄く開けた。案の定、白衣を着た男達がストレッチャーを広げており、その上ではパジャマを着た白髪の男性が苦しそうな声を上げていた。ただ何もできそうにないので、ドアをそっと閉じた。きぃと軋んだ音が廊下に響いた。

翌日、会社に行くときには、廊下に黒いボールは見当たらなかった。


それから半月ほど経った頃、藤本は仕事に出かけるためエントランスを抜けようとした。そのときに、管理会社の男性が、集合郵便受けのメンテナンス作業をしているところに遭遇した。藤本にとっては馴染みの顔である。

会釈して通り過ぎようとして、男性が隣の部屋の名札を剥がしていることに気付いた。

「あれ。鈴木さん、引っ越されたんですか」

そう訊ねると、男性は困った表情を見せた。

「いやぁ、実は鈴木さん、脳卒中で亡くなっちゃったらしいんですよ。それで親族の方が部屋を引き払うっていうんで、この週末に立ち会ったばかりなんです」

――亡くなったのか。

ぞくりとした。

男性の話だと、病院から戻ってくることはなかったのだろう。

そのとき、藤本は黒いボールが廊下に転がっていたのを不意に思い出した。

「そういや最近、黒いゴムボールみたいなのが四階の廊下に転がってなかったですか」

その問いに、男性は不思議そうな顔をした。

「いや、心当たりがなければいいんですが――あれ、どうかしましたか」

「いやね。二階の浜田さんにも、三階の加藤さんにも同じことを訊かれたんですよ。黒いボールが転がっていなかったかって。それこそ何かあったんですか」

そのやりとりから一年経った。

今までは特に気に掛けていなかったが、十二戸の郵便受けのうち、今や名前が貼られているのは三戸しかない。この一年で四戸が空いたことになる。

——もう廃墟みたいなもんじゃねえか。

二階の浜田さんは、奥さんが脚立から落ちて頸椎を折って亡くなったらしい。加藤さんも、ある日救急車で運ばれ、それからひと月と経たずに奥さんが一人で引っ越していったという話だった。

黒いボールのことを管理会社の男性に訊ねていた二人である。

「ねぇねぇ、藤本さん。知ってる？」

郵便受けを眺めていた藤本に声を掛けてきたのは、一階に住む小川さんだ。

「どうかしたんですか」

「また黒いボールが出たらしいのよ。今度はうちの隣。１０１の三好さんのところ。あたし、もう怖いから、来月までに引っ越すことにしたわ」

逃げるのは正解だろう。

他にも小川さんによれば、二階の安藤さんは末期癌が見つかったとかで入院したままだし、三階の吉田さんは首を吊っているのが発見されたらしい。

「マジですか」

吉田さんの部屋は、藤本の部屋の真下だ。

「その二人も、黒いボールを見たって言ってたのよ。廊下をコロコロ転がってきて、ドアの前でピタって止まったんですって」

翌月には小川さんも去り、もうマンションに住んでいるのは、藤本の他は江川という若いエンジニアだけになった。

ただ江川は仕事柄か、殆《ほとん》どマンションに帰ってきていない。実質住んでいるのは藤本だけだ。

——潮時かもなぁ。

仕事場まで近いということもあり、足かけ十年以上住んできたが、このままでは自分の命が危ないのではないか——。

オカルトは信じる質ではなかったが、こうも続くと何かあるのではないかと勘ぐってしまう。

そんなある日、藤本は仕事場から資料を取りに一度帰宅した。

すると、不動産屋のラッピングをした軽自動車が、マンションの前に停まっていた。

不動産屋に連れられて内見に来ていたのは、若い男性だった。きっと大学生だろう。近隣には複数の大学があり、自転車を使えば通える距離だ。それならバスを使って駅まで出る必要もない。

ただ、気になる点が一つあった。

内見に入っているのは、四階のエレベータ脇の部屋だ。そのドアの下に、例の黒いボールが転がっている。

呆然とそのボールを見ていると、ドアが開き、中から不動産屋と大学生が出てきた。

大学生に、この部屋は止めたほうがいいというべきかもしれないと思ったが、藤本は何も言わずに会釈をして、再度仕事へと出かけた。

案の定、学生は入居して一カ月と経たずに首を吊った。

それ以来、黒いボールは見ていない。

藤本はまだそのマンションに住んでいる。

エガオノママデ

「昔々だよ。俺がまだ小六――ガキの時分の話だからね」

日比野さんはそう前置きして、子供の頃の体験を話し始めた。

「昭和も終わりかけって頃のことだよ。そんなに経ってないような気もしてたけど、改めて振り返れば半世紀も前の話になるのか――」

彼の暮らしていた集落に、鴨池さんという人が住んでおり、ちょくちょくその人に世話になっていたのだという。

日比野さんが生まれた集落は、山崩れで今はもうないという話だった。

無論、それが本当かどうかは確かめようがない。

「鴨池さんはかつてはサラリーマンだったらしいけど、今で言う燃え尽き症候群だか鬱病だかに罹《かか》って、会社を辞めちまったんだ。モーレツ社員が美徳と言われていた時代らしいよ。もちろんそんな生活に付いていけず、ドロップアウトする奴らだっていた。そんな一人が鴨池さんだった。俺が出会った当時、彼は恐らく四十代の半ばだったと思うんだが、風呂なしの安アパートに住んで、多分生活保護で暮らしてたんだと思う。ピース缶をぶら下げて歩くようなチェーンスモーカーで、酒も強い洋酒ばかりを飲む男でね。でもって近づくとやたらタバコ臭いんだ。アパートの前で日がな一日ラジオ流しながら酒飲んでタバコ吸ってるんだから当然だよな」

日比野さんが鴨池さんと出会ったのは、夜の散歩の途中だったという。

「うちは父親が女作って出て行って、母親が水商売やって育ててくれた家でさ、小学生の頃から夜は家に誰もいないんだよ。今と違ってインターネットもないし、テレビゲームだってない。テレビなんかも日付が変わる頃には放送が終わっちゃってさ、それでも寝られない夜は、裸足に靴履いて、そこら辺をうろうろしてた。そんなときに出会ったのが鴨池さんでさ。普通そんな夜中に子供が一人でうろうろしてたら警察に通報するとかさ、家に早く帰れとか言うじゃん。言わなかったのよ。ただ困ったような顔で笑ってね——」

鴨池さんはまだ小学生だった日比野さんに食事を振る舞ったり、自販機からジュースを買ってくれたりと、見ず知らずの子供に対してやたらと親切だった。

「今なら疑って掛かるかもしれないけど、当時は鴨池さんと一緒にいるのが楽しくてね。親父がいてくれたらこんな感じなのかなと思ったりもしたよ」

昼間でも夜でも晴れているときには大体ずっとアパートのドアを開け放して、椅子に座っている。仕事はしていないようだ。日比野さんは学校帰りにも鴨池さんのところに寄るようになった。

「あの人、夜寝てなかったんだよ。というか、昼から夜までずっと寝てないの。そういうところが、もうおかしい。多分椅子でうたた寝してたんだと思うけど。まぁ、仕事していない大人なんて、時々いたからね。それにしても不思議な人だった」

あるとき、鴨池さんが「お前にこれやるよ」と、フィルムのケースに何かがギッチリ詰まった重いものをくれた。

「親に見つかんなよ」

彼はまた困ったような笑顔を見せた。

「何これ」

「砂金だ」

金の比重は水の十九倍ある。フィルムケースの容量が三十ミリリットルなので、恐らく五百グラムはあっただろう。

鴨池さんは、砂金を取るのが上手いのだと日比野さんに説明した。

確かに近隣の川では、砂金が取れたらしい。ただし大昔の話だと聞いている。

「何でくれるのさ」

日比野さんは口を尖らせた。鴨池さんは「お前のことを雇ってやろうと思ってな」と、口の端を釣り上げた。


鴨池さんは、山の中で砂金の粒が落ちている場所を知っているのだという。砂金は川で取るものだと思っていた日比野さんがそう反論すると、鴨池さんは頷いた。

「俺も元々は川で取れたものだと思うんだ。だけど、その道にはぽつぽつと落ちてるんだよ。うまいこと行けば、一晩にそのケース一つくらいは拾える」

説明によれば日比野さんが来てから出かける。出かける先は車で三十分ほどの山の中だ。更に車道から一時間ほど山の中に入ったところの廃神社で、二時間ほど砂金を拾ったら山を下りる。母親が帰ってくるのは明け方なので、それには十分間に合う計算だ。

坊主、手伝ってくれないか――。

もう断れる雰囲気ではなかった。

そこから数日、雨が降り続いたので、砂金取りは延期が続いた。

久々に晴れた夜、母親が仕事に出かけた直後から鴨池さんのところに行くと、今夜はどうだと誘ってくれた。

無論そのつもりだった。そう答えると、鴨池さんは部屋の中にのそのそと入っていき、何かを取ってきた。

「ほら、これ持っておけ」

渡されたのは五角形に折られた薬包だった。中に小石のようなものが入っている。

「何これ」

「お守りのようなもんだな。中に入ってるのは砂金だ。なくさないようにポケットに入れておけ。これを持っていれば、あちら側に行けっから」

〈あちら側〉が何を指すのかよく分からなかったが、日比野さんは受け取った包み紙をズボンのポケットに入れた。

「そんじゃ、車まで行くから」

鴨池さんは幾つもの鍵が付いたリングをじゃらじゃら言わせながら、先に立って歩き出した。日比野さんには、彼が車を持っていること自体が不思議だった。

「おっさん、車持ってたんだな」

意外なことにそう訊くと、鴨池さんは笑顔を見せた。

「バカ。俺が車を持ってる訳じゃねえんだよ。俺の友達の車を勝手に借りてんだ」

許可を取っている訳でもないらしい。

「免許だって持ってないぜ」

それなら乗ってはいけないんじゃないかと思ったが、それを指摘するのはやめておいた。


駐車場の一角にある軽トラックに乗ると、鴨池さんは山に向かって走らせた。

その途中で、彼の子供の頃の話を聞いた。

元々鴨池さんは、山の中腹にあった集落の出身だという。近所には蛇を祀る神社があったが、次第に過疎化が進んで、維持することが難しくなった末に、その神社は地域のもっと大きな神社に統合されてしまった。今では廃神社だという。

「俺達が今向かってるのは、その神社だ。その神社の境内で、砂金が拾えるんだ——一体誰が落としたんだか知らんがな」

その神社には砂金が奉納されていたらしい。


鴨池さんは、サラリーマンを辞めて田舎に戻ってきた後、しばらくホームレスのような生活をしていたという。そのときに根城にしていたのが、その廃神社だったそうだ。そこで砂金を拾い集めて生活費を捻出したのだと、彼は嘘だか本当だか分からないことを言った。

「俺の親父ってのも、砂金を見つけるのがやたらと上手い男でね。こっちは川で集めるんだが——もうその川も昔とは大違いだから、砂金が取れるかは分からん」

どうやら山崩れがあって以来、砂金が取れなくなったらしく、それもあって過疎が進んだようだ。


「さ、ここからは歩きだ」

神社に行くためには、土に還りかけている廃道を歩き、濡れた落ち葉が積もった滑る階段を何十段も上っていかなくてはならない。

「昔は当たり前に上り下りしてたんだが、最近は腰に来るようになってな」

鴨池さんは笑いながら階段を歩いていく。

階段を上りきると、鳥居があった。だが、鳥居の先には何もない。ただのがらんとした広場だ。

心がざわつく感じがあった。

「ここから先は神様の領域だ。だから欲かいちゃいけない。この間お前にやったケースあるだろ。あのくらいまでだ。それ以上拾うと——」

鴨池さんは、そこで一旦言葉を区切った。

彼はきっぱりとそう言った。

「帰れなくなる」

「それ以上拾うと？」


砂金拾いは楽しかった。

真っ暗な広場に、時々足元にきらりと光るものがある。それを摘まんでフィルムのケースに入れる。ただそれだけのことなのだが、それが何故かやたらと楽しい。

約束は二時間だったが、あっという間に過ぎ去りそうだ。

「なぁ」

暗闇の中で、鴨池さんから声を掛けられた。

「上を見てみろ。星が見えるか？」

その言葉に空を仰いでみたが、星は見えなかった。

「星、見えないね」

「だろう。ここは人が住む場所じゃないからな」

鴨池さんから、先ほど神様の住む場所だと説明を受けている。

「――俺さぁ、お前のことを、ここに置いていこうと思って連れてきたんだよ。お前を置いていけば、お前分の金を独り占めできるんだ」

　鴨池さんは抑揚のない声で、独り言を呟くように続けた。

「お前のことを置いて、そのまま俺が逃げれば、お前は付いてこられないんだ。ここはずっと夜だし、帰り道も分からないだろう。鳥居だって見えないはずだ」

　慌てて周りを見回すと、地面に光るものは見えるが、確かに入ってきた鳥居が見えない。ぞっとした。

　鴨池さんの声はまだ続いた。

「お前の親だって、お前のことを毎晩放ってんだからさ、こんなことになるのだって、半分くらい覚悟してるだろう。だからお前のことを生贄にしてさ。神様に捧げて、俺だけ帰ろうと思ったのさ。悪い大人のことなんか信用しちゃいけねぇんだ――」

「何言ってんだよ、鴨池さん」

「ああ。俺は悪い大人さ。前にも同じことをやったからね。子供を攫《さら》ってさ。だから、今回だって、お前のことを置いていこうって思えば置いていけるのさ。前にも一回やったんだからね」

　そこからの鴨池さんの言葉は、嗚咽《おえつ》混じりだった。

「ダメだよなぁ。人でなしだよなぁ。あの子のお母さんだって、まだあの子のことを探してるよなぁ――」

もうダメだ。

お前、ここから一人で帰れ――。

鴨池さんがそう口にすると、頭上を何十羽という鳥が羽ばたく音がした。

カラスだ――それを見上げると、酷い眠気に襲われた。


「あんた、またあのおじさんのところに遊びに行ったんでしょ」

仕事から帰ってきた母親が立っており、きつい口調でそう言われた。

周囲を見回すと、アパートのドアの前に蹲《うずくま》っていたらしい。

「ほら、立ちなさいよ。鍵なくしちゃって入れなかったんでしょ」

ポケットを探ると鍵と薬包が出てきた。

「あんたの服から酷いタバコの匂いがするから、すぐに分かるのよ。いい。あの人のところに遊びに行っちゃダメよ。あの人、人攫《さら》いかもしれないって言われてるのよ」

母親の〈人攫い〉という言葉を聞いて、今更ながら恐怖が背中を這い上ってきた。

がくがくと震えが来た。その後、三十九度の熱が出て、日比野さんは三日寝込んだ。

それから一年もの間、恐ろしくて鴨池さんのところには行けなかった。

夜中に散歩するのも止めた。その間に小学校を卒業し、中学校に通うようになっていた。

中学生になった日比野さんは、部活も始めてそれにのめり込んだ。

ただ気になっていたので、数カ月後に、鴨池さんの暮らしていたアパートを訪れた。

予想していた通り、もう部屋は引き払われた後だった。ただ、たまたま大家さんらしき男性がいたので、入居していた男性のことを知らないかと訊ねてみた。

「ああ、鴨池さん。あの人おかしくなっちゃったんだよね。ひと月ほど前に、部屋を引き払うっていうんで、立ち会ったんだけどさ。ずっと砂金取りの話をしてるんだよ。そんなに砂金が取れるなら、こんな長屋で貧乏生活はしてないだろうにねぇ。ああ、それから家財道具は全部処分してくれって言って、リュック一つ背負って、山に砂金拾いに行くって、何処かに行ってしまったわ。それから先はあたしも知りませんねぇ」

寂しい気持ちとほっとした気持ちの両方を同時に感じながら、彼は一人で帰宅した。

帰宅途中で大粒の雨が降り始めた。

「それからしばらく長雨が続いてね。その雨の影響で、近くの山で土砂崩れが起きたというのは全国ニュースにもなった。鴨池さんに連れていってもらった神社跡のあった地域なんだ。多分全部巻き込まれて崩れ落ちちゃったんだろう。もし、そこに鴨池さんがいたとしたら、生きちゃおるまいね――」

取材の最後に、砂金の入ったフィルムケースと薬包はどうしたのかと訊ねると、彼は困ったような顔をした。

「俺が中学生のときまでは持ってたんだけど、うちのお袋が男作って出て行ったときに、ついでにちょろまかしていったらしくて、今は手元にないんだよ。でも、そんな由来の砂金だろ。もう生きていないと思うけど、お袋だってその後いい人生過ごせたはずないなと思ってる」

日比野さんは、そこで一旦話を区切った。

それからしばらく黙っていたが、最後に少し寂しげな笑顔で付け加えた。

「――さっきはああ言ったけど、俺は、鴨池さんは土砂崩れでは死んでないって思うんだよ。ひょっこり帰ってきてて、また安アパートで薄ら笑いを浮かべて、タバコ吸いながら洋酒かっくらってるんじゃないかって、そう思ってるんだ」

墓守

古賀さんの先祖は、元々九州の出なのだという。

あるとき、墓地の上を高速道路が通るので、墓地の移転をすると本家のほうから封書で連絡が入った。

本家との繋がりは、母方の祖母の祖父の代まで遡《さかのぼ》る必要がある。親戚付き合いも殆どないような状態にも拘らず、書類を送ってきたのだ。

手紙には、墓地を移転するという話の他に、補償金が入るから本家に来てほしいといった内容が書かれていた。

だが、書類に書かれている表によれば、家族四人で二千円ほどだ。本家の頼みといっても、顔も知らない人達のところに、わざわざ仕事を休んで出かけていくことは現実的ではないだろう。

そう判断した両親は、その補償金は辞退するし、今後の遺産も放棄すると手紙を書いたらしい。どうやら現在九州から離れている親族は、皆同様の様子だった。

――それにしてもあんな山の中に高速が通るのか。

かつて、一度だけ九州に連れていってもらったことがある。見上げるような立派なお墓の並ぶ墓地を訪れて墓参りをした記憶がある。

だがそのときにも本家に寄った覚えはない。

十年が経過した。彼女は大学生になり、ミュージカルの追っかけをしていた。そこでたまたま羽振りのいい女子高生と知り合った。

安武真紀子と名乗った彼女は、九州出身だという。

その苗字を聞いたときに、古賀さんは祖母の旧姓と同じ苗字だと気が付いた。

彼女と話をしていると、どうやら長期休みのたびに、ウィークリーマンションを借り上げて、公演の間は、ずっとそこに滞在しているらしい。

気が合った二人は、よく一緒に行動するようになった。

そして何度も話をしているうちに、二人は親戚同士だということが分かった。

記憶にある墓地の話が一致したからだ。

最初は、親戚同士が同じ趣味で追っかけをしてるなんて凄いね、といった話をしていたのだが、次第に親戚関係の話題に移っていった。

「——実は安武の本家は、一族がみんな死んじゃって、今はうちが本家みたいなことやってるのよ」

真紀子は静かに微笑んだ。

その話を聞いた古賀さんは、家に帰って両親に安武の本家の話を訊ねた。

しかし、この十年で祖母は亡くなり、親戚付き合いに積極的ではない両親は、現況がよく分かっていないようだった。

「確かにこの十年、九州方面の親戚からは、年末に喪中ハガキが届くばかりだったなぁ。こっちから年賀状を出したことがなかったから、よく分かんなかったわ」

数年前にも、喪中ハガキが届いたときに、九州の親戚は年寄りばかりだから仕方がないといった話をした記憶がある。

だが、今日の真紀子の話では、安武の家は、老いも若きも皆等しく亡くなっていったらしい。

その話を両親に伝えると、父親が少し考え込んだ末に、独り言のように漏らした。

「――それが本当だとすると、そもそもお墓の上に高速道路が通ったのがいけないのかもな。おばあちゃんも、お墓に触れたら祟ると言ってたし」

祖母は何かを知っていたのだろう。だが、もはやその話を聞くことはできない。

父親が慰めるように言葉を続けた。

「うちはもう苗字も違っているし、大丈夫だよ」

それを信じていいかどうかは、よく分からなかった。


「元々、お墓を移転する前から、祟りがあるって言われてたみたいなんだよね」

真紀子が夕飯を食べようというので、二人でターミナル駅の最上階にあるレストランに入った。古賀さんにとっては身の丈に合わないような高級な店で、手持ちが足りるだろうかと心配になった。

――いつもこの子、こんな生活してるのかしら。

以前から羽振りはいいと思っていたが、何で女子高生がこんな生活をしているのだろう。不思議に思っていると、真紀子は次々に料理を注文し、古賀さんに話を始めた。

趣味の追っかけの話、最近読んだ漫画の話、今通っている学校の話。話題は多岐に亘った。そしてまた九州の親戚の話になり、続いて件の墓地移転の話が出た。

「本家の人が、親戚全員に補償金を渡すから来いって連絡したんだよね。でも東京とか北海道とかにも散っちゃってるから、調査だけでも、凄いお金が掛かったみたい。それでもわざわざそんなことをしたのは、祟りを薄めるためじゃないかって話があってさ」

「その手紙、うちにも来たけど、行くのに遠いから相続とかも全部辞退したんだよね」

「それ、正解だよ」

真紀子によれば、本家も分家も、とにかく補償金を受け取った人は例外なく亡くなっているらしい。

「安武の家は、御先祖が平家の血筋らしいね。それで、お墓をいじると御先祖が祟るって話は昔からあったらしいの。うちは補償金を受け取らなかったし、定期的にお墓にお参りをするとか、そういうこともなかったから、縁が遠くて助かったんだと思う」

料理まだかなぁと厨房のほうを眺める真紀子は、年相応の子供に見える。

「でもね、うちも色々あったよ――」

続けて彼女は家族の話を始めた。

――そうか。この子はきっと、歳の近い親戚に、話を聞いてもらいたかったのだ。

古賀さんは、そう解釈することにした。

「お墓に直接関わらなくても、それでもお父さんは事故で亡くなったからね。本家の人達がみんな事故とか病気とかで次々に死んじゃって、最終的に遺産相続で凄いお金が入ってきてさ。そのおかげで今、私もこうやって遊んだりできてるんだけどね」

本家の移譲と遺産相続を喜ぶ発言をした父親は、直後に事故に遭って亡くなり、続いて兄も病気で亡くなりかけたのだと、真紀子は打ち明けた。

相続する際に、お墓を引き取りたくはなかったのだが、そんなことを言っているうちに、身の回りに鎧武者が現れるようになったらしい。

「学校から帰ってきて、ドアを閉めると、後ろでノックされるんだよね。ドアの覗き穴から見てみると、鎧武者の人が立ってるんだ。これが昼も夜も関係なくてさ。お墓を潰したときにも、本家の人とか、補償金を受け取った家の人達は、やっぱりみんな鎧武者に囲まれたらしいよ——」

鎧武者が現れたことで、母親が先祖の墓守りを引き継がないといけないのだと判断した。最終的に先祖の骨を全て引き取り、別の墓地に移転してお祀りをしているという。

そんな話をしているところに料理が運ばれてきた。

その料理を食べながらも、真紀子は話を続けた。

「——他にもね、古い位牌とかも巡り巡って全てうちに来ちゃってさ、それを一つにまとめようとしたら、いきなり位牌が真っ二つになっちゃったりして、びっくりしたよ」

それは……びっくりしたで済ませていいのだろうか。

古賀さんが困った顔をしていると、真紀子は笑顔を見せた。

「でも、今はちゃんとお兄ちゃんがお祀りしているから、大丈夫だと思うよ。半分寝たきりだけどね」

そこから先は料理の味がよく分からなかった。


食事を終えて、会計をするときに、真紀子は古賀さんが財布を取り出すのを制した。

「――さっき言ったじゃない。別にお金は気にしなくていいよ。親戚だもの。古賀ちゃんにも、安武の遺産を受け取る権利があるでしょ」

彼女は目を細めて無邪気に笑った。古賀さんの背筋に寒いものが走った。

高校生の真紀子は、手慣れた様子でクレジットカードを取り出し、食事の代金を全額支払ってくれた。


ただそれ以降、古賀さんは真紀子に会っていない。

真紀子の追っかけの対象が変わってしまったのか、それとも彼女に何かあったのか、はたまた家族に何かがあったのか、それはよく分からない。

そういえば、彼女の別れ際の言葉が忘れられない。

「私は早くいい人を見つけて、別の家に嫁ぐの。でないと、いつこっちに降りかかってくるか分からないもの。お兄ちゃんに何かあったら、今度は何処に祟りが飛ぶか、分かったものじゃないしね」

妖《あやかし》颪《おろし》

「何か突然思い出したことがあるんだけど、聞いてくれる？」

弦太さんはまだ彼が小学校に上がる前の不思議な体験について教えてくれた。

群馬県と新潟県の境の山中での話だという。

「もう大分古い話だけど、うちの祖母の姉――大伯母か。その人が祓い師っていうか、地域のまじない師みたいなことをやっていたんですよ」

当時から現在に至るまで、彼は普段は都内に住んでいる。ただ、子供の頃は母親がその集落の出身ということもあり、夏休みには必ず祖父母の家、つまり母親の実家に滞在していた。

以前は辛うじて駅があるような集落で、駅前といっても商店街などもなく、雑貨屋が一軒あるだけだった。駅前には舗装もされていない土が剥き出しの広場があり、夏休みには朝の七時になると、地域の小中学生が集まって、ラジオ体操をしていたのを思い出す。

祖父母の家は駅から歩いて三分ほどの場所にあったが、大伯母の家は駅のすぐ近くにあった。

「当時は猟をする人も結構いて、何か山で変なものに遭ったりしたら、大伯母のところに相談に来ていたみたいです。彼女の家は駅の近くだったんですが、山のほうに小さな炭焼き小屋みたいな祈祷のための施設を持っていて、祈祷の規模によっては三日とか四日とかそこに籠もって帰ってこないんですよ」

そして、弦太さんもまた、彼女に命を助けてもらったことがある。

幼い頃の弦太さんは、よく祖父に連れられて山の畑に行った。

畑で何を作っているかは興味がなかったし、本当を言えば畑に行くのは余り好きではなかった。蚊がいるからだ。

祖父は毎回蚊を払うために枯れ葉に火を点けて、もうもうと煙を起こした。

まるで燻製になるのではないかと思うほどだった。

蚊がそんなに多いのは、雨が溜まった水溜まりのような池があるためで、弦太さんはそこにイモリがいるのを見るのが好きだった。イモリは池に落ちた枯れ木に掴まっていることが多く、大抵はじっとしていた。

祖父は畑仕事の間、弦太さんの好きにさせてくれたが、その池に近寄ることに余り良い顔をしなかった。

その日も朝から畑に行き、いつも通り周囲をうろつき回ったりしているうちに、弦太さんは飽きてしまった。

そうだ、イモリを見に行こうと思いつき、池に向かったが、残念ながらその日はイモリが見当たらなかった。

それならと、弦太さんは山道を辿り始めた。

集落から聞こえる正午のサイレンはまだ鳴っていなかった。サイレンが鳴ると、家から持参したおにぎりを祖父とともに食べるのだ。

日は高かったが、まだ昼にはなっていない頃だった。山道の両脇は杉林で舗装もされておらず、車が通るには少し狭い。獣道を人が踏み固めたような通路になっている。

ただ、祖父の働いている畑からはまっすぐ山へと伸びている。

だから何かあっても、すぐに祖父が来てくれるはずだ。祖父が視界に入っているうちは安全だ。そう考えていた。

少し歩くと、左手後方の杉林のほうから喋りかけられた。

かなり低い声で、しかも大きい。ただ、普段耳にしたことのある言葉ではなかった。

不思議に思った弦太さんは周囲を見回したが、誰もいない。

そのとき、言葉が聞こえた辺りから、強い視線を感じた。

――見られている。

不安が雲のように湧き立つ。

振り返ると、祖父が野良仕事をしているのが見える。

今すぐ駆け戻るのが正解だということは理解している。

しかし、そのためには、視線の主の近くを通り抜ける必要がある。それが怖かった。

戻るか、先に進むか。

弦太さんは、先に進むことにした。まだ祖父の姿が見えるし、そのうち視線の主もいなくなると期待したからだ。

だが、それは失敗だった。

道を辿っていくと、杉林の中を気配が付いてくるのだ。

想像は最悪なものになっていく。

野生動物がこちらを見ているのではないか。それこそ猪か熊が、こちらを狙っているのではないか――。

弦太さんは駆け出した。気配は、同じ速さのまま林の中を追ってくる。

祖父からは、野生動物の気配を感じたら、大声を出せとは教えられていた。

特に大きな声で歌を歌うのがいい。

しかし、実際にその状況に陥ってみると、恐怖のほうが大きくて歌などは歌えなかった。

「おじいちゃーん！」

できるだけ大きな声で祖父を呼んだが、聞こえないようだった。

必死になって山のほうへ駆けていくと、草の生えている空間に出た。

もちろん初めて訪れる場所だ。

今から考えると、牛を放牧するための共有地のようにも思えた。幅が五十メートルほどの明るい草原だ。そこに飛び出したときに、背後の気配が途切れた。

遮るもののない草原に射し込む、夏の正午の日差しは強く激しかった。

——太陽の光を嫌って、林の中から出てこられないのか。

相変わらず祖父は野良仕事に精を出しており、こちらの様子には気付いていない。

さて、どうしよう。またあの山道を一人で戻らねばならないのか。

迷っていると、草原の奥に続く山道のほうから、日本人ではない男性が姿を現した。

日本人ではないと判断した理由は、髪の毛が赤かったからだ。

赤毛で背が高く、白地にブルーの格子柄のボタンダウンの服を身に着けている。

集落でも見たことがない人物だ。

その人が山側から歩いてくる。

——ああ、そうだ。あの人の後ろに付いていけばいいじゃないか。

弦太さんはそう考えて、男性が草原を越えてくるのを待つことにした。

ジリジリとした日差しが頭を焦がしていく。汗が首筋を伝った。

しかし、男性は草原のほうに出てこない。

どうしたのだろう。

山側から下りてきたのに、何故集落に続く道を歩いてこないのだろう。

何をやっているのだろうか。

とにかく来たほうには戻りたくない。弦太さんは足を踏み出した。

だが、その男性は、近づいてくる弦太さんのことを無視している。

又は、単に気付いていなかったのかもしれない。

祖父のところまで連れていってもらうことを期待して、弦太さんは赤毛の大男に近づいていく。すると、男性はしゃがみ込んだ。

何をしているんだろうかと、ゆっくり近づく。

すると男性は杉林の中に踏み込んでいった。

弦太さんが草原を抜けて、男性が入っていったほうを覗くと、道から三十メートルほど入り込んだ位置で、男性は足を揃え、両手を左右に伸ばして、まるで十字架のような姿勢を取っていた。何よりも、その身体は白く光り輝いていた。

——何で光っているんだろう。

その理屈が分からない。

すると、男性は弦太さんに気付いたのか、こちら側に近寄ってきた。

しかし、その移動の仕方が不思議だった。木の根が浮き、その上に枯れ枝が落ちて、凸凹しているはずの地面の上を、光ったまま、まるで空中を滑るように移動してくる。

唖然としているとその人から声が発せられた。

だが、話の内容は全く分からない。

——外人さんだから、日本語が分からないのかな。

そうは思ったが、弦太さんは恐ろしくなった。

全身に光を纏った人など、今まで見たこともない。

知らない人に付いていっちゃいけないよ。こんな田舎でも、どんな人がいるか分からないからね——。

母も祖母も何度もそう繰り返した。

知らない人と野生動物。どちらが怖いか。無論どちらも怖いのだが、この人に攫われてしまったら終わりだ。

踵《きびす》を返し、ただ足元に視線を下ろし、周囲のことを見ないようにして祖父のところまで走った。

左の杉林の中からは、やはりこちらを注視する視線が感じられた。だが、すぐに襲われるということはないだろう。

襲われる前に、おじいちゃんのところまで辿り着けばいいのだ。

息せき切って走ってきた孫に祖父は声を掛けた。

「お前、また池のほうまで行ってきたのか？　じいちゃん、何度も行っちゃダメだって言っただろ」

弦太さんは足に抱きついていやいやと首を振る。

「ほら、昼飯食うぞ」

祖父から声を掛けられても、彼はもう帰りたい、もう山にいたくないと言って泣いた。

「とりあえず食え」

祖父は水筒の麦茶と握り飯を渡してくれた。

弦太さんは麦茶を飲んで、少し落ち着いた。杉林からの視線はもう消えていた。

燻る煙の中で、握り飯も頬張った。

祖父はまだ野良仕事が残っていたようだが、それを中断して、握り飯を食べ終わった弦太さんを家まで連れ帰った。

その道すがら、正午のサイレンが鳴った。


その夜、弦太さんは家の周囲に何かがいる気配を感じた。

これはあの林の中にいた奴だ。

そう直感した。

家の中は灯りが点いているが、その光が屋外まで届く範囲は限られている。

光の届かない暗がりに、小山のような黒い何かが蹲っている。

「おばあちゃん、怖い」

そう訴える孫に、祖母は心配することないよと笑って、弦太さんの手を引いて外に出た。

弦太さんの目には、蹲る怪物の影が見えたが、祖母には見えていないようだ。

祖母はそれがいる暗がりに、不用意に近づいていく。

子供心に、それに近づいてはいけないと思った弦太さんは、祖母の腕を引っ張り、いやいやと首を振った。

祖母も不意に何かを感じ取ったのか、それ以上は進まなかった。


昼間も影の中に蹲っているのが見える。

最初はただの気のせいだと繰り返していた祖父母も、何かおかしなことが起きていると感じ取ったのだろう。三日目の昼に、祖母は自分の姉――弦太さんからすれば大伯母――のところに弦太さんを伴って相談に向かった。

その頃には祖母にも怪物の姿がうっすらと見えているらしかった。

「何があったか、おばちゃんに説明できるかい」

大伯母は弦太さんに訊ねた。つっけんどんな態度に恐怖を感じた。

弦太さんは、祖父と山の畑に行ったときに、林の中に何かがいたこと、この数日、祖父母の家の庭の暗がりにそれがいること。更に夜になると、林の中から感じた視線と同じ視線を強く感じることなどを説明した。

「分かった。それじゃ一緒にお祈りするか」

大伯母は白い衣装に着替えてくると、祭壇の前に座った。

祭壇で祈る大伯母の後ろに弦太さんと祖母が並んで座る。祖母が弦太さんの手を握ってくれた。

しばらく祈祷をしていた大伯母が、祖母を呼んだ。

「この子は預からないとダメだ。ここでどうこうできる奴ではない」

そう告げられると、祖母は狼狽《うろた》えた。

「私も行くよ。あと弦太の母親も一緒に連れていかないと――」

「ダメだダメだ。あの子は来ないほうがいい」

弦太さんにはよく分からなかったが、母親は〈ひょういたいしつ〉らしく、近寄ると悪いことになるという説明だった。

取り憑いている何か恐ろしいものを祓うために、弦太さんは大伯母とともに、彼女の祈祷小屋に行くことが決まった。

早いほうがいいとのことで、まだ陽が暮れる前に祈祷小屋に向けて出発した。

祖父母や叔父に見送られ、白い衣装を着たままの大伯母に連れられて祈祷小屋へと向かう。そこまでは徒歩で一時間近くも歩かねばならない。

二人は山道をずっと上っていった。

到着したのは、簡素な庵のような小屋だった。

周囲には狭い縁側が巡っている。入り口は観音開きの扉になっており、中に入ると祭壇が設えられた四畳半ほどの部屋だ。それを板張りの壁が囲っている。

すぐ近くを川が流れているようで、その水音が耳に届いてくる。

「ここから出ちゃいけないよ」

大伯母は怒気を孕んだ強い口調で言うと、麻紐で括った石のお守りを首に掛けてくれた。それを手に取ると、石には筆で細かい字が書かれている。

室内は暑かったが、エアコンも扇風機もない。そもそも小屋には電気も来ていない。

大伯母は早速祈祷の準備を始めた。

弦太さんには何をやっているのかはよく分からなかったが、大伯母が自分のために力を尽くしてくれているのは分かる。

「その怖い奴は、今もそこら辺にいるからね。出たら食われるぞ」

弦太さんはその言葉にますます不安になった。

少し時間が過ぎた頃、祖母が夕飯を届けてくれた。祖父が軽トラで途中まで送ってきてくれたようだ。

夕飯は、おにぎりにおしんこ、きゅうりの漬物だった。

弦太さんは帰りたいと祖母に訴えたが、その間も大伯母は大きな神棚のような祭壇に向かって祈り続けていた。

「この子が怖がっているから、私もここに泊まるよ」

祖母の提案に、大伯母は振り返らずに「帰れ」と告げた。

峻厳《しゅんげん》な、一切逆らうことを許さない口調だった。

陽が暮れると、大伯母は風を入れるために開けてあった板張りの突き出し窓を閉じた。

観音開きの扉も閉める。

部屋の中は、祭壇の蝋燭《ろうそく》の光以外に光源はない。

じんわりと室温が上がっていく。

弦太さんはそれに耐えきれず、そっと入り口の扉を開けた。

すると、大伯母が「こらっ」と大きな声を出した。彼女は扉に駆け寄り、それを閉めようとした。

そのとき、弦太さんには小山のような真っ黒いものが、扉のすぐ外に蹲っているのが見えた。

「ほれ見ろ！　扉なんて開けようものなら、すぐに食われちまうぞ！」

――あれは一体何なのだろう。

熊でも猪でもない。そんな動物よりも何回りも大きい。

弦太さんは恐怖した。その恐怖のおかげで、小屋から出る気は失せた。

「おばちゃん、あれは何なの」

「あれは、あやかしだ。関わると碌《ろく》なものではない。大丈夫。おばちゃんが何とかしてやるから。お前は寝ててもいいぞ」

大伯母は祭壇に向かい、小声で何か祝詞《のりと》のようなものを繰り返し唱えた。

殆ど明かりもない中で、弦太さんは横になった。

すぐに意識が途切れた。

次に目が覚めたのは、尿意を感じたからだ。だが、部屋の中は暗く、大伯母はずっと祈り続けている。

その様子を見ていると、尿意を訴えることもできない。

大伯母は弦太さんの様子に気付いたのか、振り返らずに声を掛けてきた。

「起きたか」

「うん」

「おしっこしたかったら、部屋の隅ですればいいぞ」

この小屋にはトイレもないのだ。

どうしようかと思ったが、尿意が昂ってきたので、部屋の隅で小便を済ませ、弦太さんは再び眠りに就いた。

——鳥の声だ。

東京では余り耳にした覚えのない鳥の囀《さえず》りで起こされた。

突き出し窓の隙間から、朝日が入り込んでいる。

おばちゃんはどうしたかしら。

祭壇を見ると、大伯母はまだ祈り続けていた。

「起きたか」

「うん」

「もうじき朝ごはんを持ってきてくれると思うから、待っていろ」

きっとこれでもう帰れるのだろう。弦太さんは期待した。

しばらくすると、祖母が朝ごはんを持ってきてくれた。

彼女は青い顔をして、「まだいるね」と呟いた。きっと祖母にもあの黒いものが見えたのだろう。

祖母は日中は、ずっといてくれるとのことだった。

——まだ帰れないんだ。

友達とも遊べず、ただ一日小屋に閉じ籠もりきりで、大小便も部屋の隅でする。

もう帰りたかったが、扉のすぐ先にいる黒いあやかしに対する恐怖が勝った。

あれがいなくなるまでは、家には戻れないのだ。


二日目の昼飯は祖父が持ってきてくれた。そのときに、大伯母が弦太さんに告げた。

「あいつは昼間でもいるだろ。あれがいる間はまだダメだ。山から何度でも下りてきて、お前のことを狙うからな」

弦太さんの目には、祖父が昼食を提げて歩いてくる途中に、黒い小山のような影が蹲っているのが見える。だが、祖父はその影を突き抜けてこちらに向かってきた。

目には見えても、ただの影で、実体はないのだろう。

祖父には見えていないのだということも分かった。

「タチの悪いあやかしに目を付けられたからね。今夜が正念場だよ」

祖父母は〈まだ明るいうちに帰れ〉という大伯母の言葉に従った。


大伯母の予告通り、その夜が壮絶だった。

弦太さんは暗くなってから一度寝たが、何か大きな物音がするので目を覚ました。

入り口の観音開きの扉を激しく叩く音と同時に声が聞こえる。

男性の声とも女性の声とも付かない。

「誰か迎えにきたよ！」

だが、大伯母は扉を叩く音も、弦太さんの声も無視して、一心に祈祷を続けている。

扉を叩く音はしばらくして収まった。

弦太さんがうとうとし始めると、今度は壁を叩く音が始まった。

それも何か丸太のようなもので壁を打ち付けているような激しさだった。

このままでは壁が壊れてしまう。壁が壊れたらあれが入ってくる。

慄いていると、大伯母が手に何かを持って、音を立てている壁に近づいていった。

それを音を立てている壁に塗りたくる。

どうやら緩めに溶いた粘土のようなものらしい。

それを塗ると、今度は反対側の壁を叩く音が始まった。

大伯母は音がするたびに、そちらの壁に粘土を塗る。弦太さんは部屋の中央で震えるばかりだ。そんなことを続けた末に、大伯母は呟いた。

「——ダメかなこれは」

頼りにしていた大伯母からそんな弱音が出たことが、弦太さんには衝撃だった。

四方の壁に続いて、床も持ち上げられるように叩かれた。

大伯母は祈り続ける。

そんな嵐のような一晩が続いた。

寝られたものではない。

「もうすぐ朝が来るから、じっとしていろ」

大伯母がそう告げるや否や、小屋全体が揺さぶられた。

「地震だ！」

大伯母は怯える弦太さんのところまでやってくると、先ほど壁に塗っていた粘土のようなものを、指先で全身に塗り始めた。

「べたべたするだろうが、我慢しろよ」

よく見ると、大伯母も顔や身体にそれを塗っている。

「本当は揺れてないんだ。揺れてないから大丈夫。怖がるなよ」

彼女は、そう言い聞かせると、祭壇の前に座っていた場所まで弦太さんを引っ張っていった。そして膝の上に座らせると、低い声で祈りの言葉を繰り返した。

気が付くと夜が明けていた。

朝の光の中で、弦太さんが目を覚ましたときにも、大伯母はまだ祈祷を続けていた。

家を出る前と比べて、明らかにやつれている。身体から肉が減っているのが分かる。

三日目になった。

彼女はその間、寝ていないばかりではなく、殆ど食事も水も口にしていない。

「——場所を変えるか」

独り言のようにそう呟くと、彼女は弦太さんに待つように伝えた。

続いて扉を全開にして外の様子を確認した。

「今だったら、行けるか——?」

弦太さんは昨晩のことで寝不足だったが、大伯母に手を引かれて外に出た。すると、やはりすぐ横に黒い影が蹲っている。ただそれは朝日の中で動けないようだった。

大伯母の腕には深鉢が抱えられていた。そこに緑灰色の泥のようなものが盛られている。

昨晩塗られたのは、この泥なのだろう。

「行こうか」

大伯母が手を引き、あやかしの横を通り抜けようとした。

そのとき、今まで動かなかった黒い影が腕を伸ばし、鉤爪の生えた黒い指先が弦太さんの右腕を掴んだ。

長い毛が振袖のように垂れて揺れていた。

「助けて！」

大伯母が鉢からあやかしに向かって泥を投げた。

泥は実体がないはずのあやかしの腕に当たって、爆ぜた。

影は腕を引っ込めた。その隙に大伯母は弦太さんをかき抱いた。

「いかんかったか――！」

二人は再び小屋に戻った。

弦太さんを薄暗がりの中に残し、大伯母は縁側から外に向かって何か祝詞のようなものを唱え続けた。


朝食を持ってきてくれたのは、祖母だった。

まだ縁側で祈祷を続けていた大伯母は、彼女に対して小屋から五メートルほどのところを指差した。

「そこに置いていけ」

黒く蹲るあやかしは、祖母にも見えているらしく、祖母はその指示に従った。

大伯母は食事を取りに行くと、すぐ戻ってきた。

「お前は朝飯を食え」

大伯母が麦茶と握り飯を差し出してくれた。それを頬張っていると、大伯母は部屋の隅から、片側に紙を挟んだ割り箸のようなものを持ってきて、祖母に声を掛けた。

「これをぐるっと小屋の周りに刺していく。あいつは日が射している中では動けないから、手伝ってほしい」

二人で小屋の周りに、その割り箸を突き刺していく。

祖母はあやかしの近くに寄ることに戸惑っていたが、大伯母は祖母に、そこはいいから、次は昼に祖父が来るように伝えろと指示した。

その指示通り、昼に食事を持参したのは祖父だった。

「これをそこに刺していけ」

祖父は、怪物のことが見えていないが、命じられた通りに割り箸を地面に刺していった。

作業が完了したのを確認して、大伯母は強く頷いた。

「これで今夜は大丈夫なはずだ――」

「ねぇ、おばちゃん」

「ん。何だ」

弦太さんは、身体に塗った泥が乾いて肌にへばりつき、その痒みが限界に達していた。

「凄く痒いから、川に入りたい。あいつ、動けなくなったんだから大丈夫でしょ？」

大伯母は、そうだなと呟いた。

「それなら川で身体を洗おうか」

彼女は、弦太さんの手を引いてすぐ脇を流れている川まで連れていってくれた。

暑い盛りだ。その間、風呂に入ることもできずに三日目を迎えていた。汗と垢と泥とで全身がべたべたで気持ち悪い。

清冽な水に入ると気持ちよかった。身体に張り付いた泥を流す。大伯母も白い着物のまま水に入り、身を清めた。

最後に川の水を汲んで小屋に帰った。

夕方に祖父母が夕飯を持ってきてくれた。

大伯母はすぐに祈祷に戻った。

大伯母は二人に、このままでは身体が保たないと伝えた。

「一つ頼みがある」

大伯母は祖父に向かって、菩提寺から何かを受け取ってくるように指示した。

「住職に言えば分かるから、明日の朝には戻ってきてくれ」

祖父母は急いでその場を去っていった。

その夜は、壁も床も静かなものだった。全く揺れもしないし、音もしない。

だが小屋の周囲をぐるぐると回っている気配があった。


四日目――。

早朝に祖父母が戻ってきた。

住職から預かってきたかとの問いに、祖父は頷いた。

取り出したものは、和紙を折り畳んだものだ。

大伯母は深く頷き、それを昨日地面に刺したのと同じ割り箸の根本に挟み込んだ。

彼女は、黒く蹲るあやかしに、直接それを刺した。

闇の塊のようなものの大きさが縮んでいく。

見上げるような小山だったものが、大人の背ほどの大きさになった。

大伯母は、縮んだあやかしに向かって、まるで呪詛でも掛けるように、繰り返し言葉を放った。

「お前はこのままここにいろ」

「この子はお前のものにはさせんぞ」

「私が付いてるから、絶対にやらんからな」

彼女の額から汗がぱたぱたと地面に滴った。

そのとき、弦太さんの脳裏に、突然杉林に踏み込んでいった赤毛の大男の姿が思い浮かんだ。

「おばちゃん、あの杉林に、光る人がいたのも見たよ！」

大伯母は、その言葉にあやかしから一歩後退った。

「そんな大事なことを、何でもっと早く言わなかったんだ！」

弦太さんは、先日見た光る人の話を伝えた。

「それを見た場所は分かるか？」

そう訊ねられた弦太さんは、力強く頷いた。

大伯母は、祖父に向かって声を上げた。

「今すぐ畑に行くぞ！」


「光っている人は何処にいた」

祖父の畑を抜け、杉林を過ぎて草原を越えたところで、大伯母が訊ねた。

弦太さんが杉林の奥を指差す。

「そこか」

大叔母はまっすぐ杉林に入っていった。彼女はすぐ何かを見つけたようだった。そこでじっと祈っている。

三十分は経っただろうか。その間、弦太さんと祖父母は大叔母のことを見守り続けた。

「帰るぞ」

戻ってきた大伯母は、満足した顔をしていた。

その足で一行は再びあやかしの前に戻った。大伯母は黒い小山の前に座り、小さな声で何かあやかしとやりとりを始めたようだった。

小一時間過ぎると、それも一段落したようだった。

「今日はこの子は家に帰す。私はこのまま一晩泊まっていくから」

大伯母は、〈明日には終わるよ〉と笑顔を見せた。

「それで、これは灰を練ったもので、あやかし避けによく効くから、家に帰るまではしっかりと塗って、家で風呂に入って落とせ」

これでもかというほどに泥を塗られた弦太さんは、祖父の運転する軽トラに乗って帰った。

翌朝、山から大叔母が帰ってきた。

彼女はやつれ、疲れきっていたが晴れやかな顔をしていた。

「あれは山に帰った。この子はもう大丈夫だ。弦太には光る神様がしばらく一緒にいてくれるから、大丈夫だよ」

「あたしはあんなのを見たのは初めてだ。あれはヤマノケというものかね」

祖母の言葉に、大伯母は頷いた。

それから二日して、東京に帰るために、母親が弦太さんを迎えに来た。

既に話は聞いているようで、母親は大伯母にお礼を伝えなくてはいけないと言った。

彼女の家を訪ねると、寝込んでいるとのことで、顔を見ることができなかった。

そして、弦太さんが大伯母と会ったのは、その夏が最後だった。

サワガニ

沖縄在住の怪談作家、小原猛さんから聞かせてもらった体験談である。

彼は小学四年生の頃に、京都の西京区にある公団住宅に住んでいた。

その公団住宅の同じ棟に、シンヤ君という同級生が住んでいた。

小原さんの部屋は一階にあり、シンヤ君一家の部屋は四階だった。

二人の父親達は共に釣り好きで、よく子供達も交えて釣りの話をしていた。

あるとき、団地の目の前にある公園で遊んでいると、釣りから帰ってきたシンヤ君のお父さんが声を掛けてきた。

魚籠《びく》に入ったその日の釣果を見せてくれるというのだ。

「今日のは凄い怖いから、小便ちびるなよぉ」

ニヤニヤしながら、脅かすような声を上げる。

小原さんは、何を子供騙しのようなことを言っているのだろうと思いながら魚籠を覗き込んだ。中にはサワガニが二匹入っていた。

シンヤ君のお父さんが掴んでみせてくれたその二匹の甲羅は、皺《しわ》が寄ってまるで怒っている人間の顔に見えた。

「な。気色悪いだろう?」

「うわー。やだー」

一緒に遊んでいた低学年の子は、怖がって帰ってしまった。

次の週に、シンヤ君はそのサワガニを二匹とも学校に持ってきた。

教室には水槽があり、そこにはタナゴが一匹泳いでいた。シンヤ君は、そこに二匹を入れた。

昼休みにそれに気付いた担任の女性教師は、ヒステリックな声を上げた。

「カニを入れたのは誰ですか!」

「シンヤ君でーす!」

クラスの女子がくすくす笑いながら名前を挙げた。

水槽にカニを入れた当人には悪意は全くなかったのだが、担任の先生には悪戯をしでかしたように見えたのだろう。

「しばらくしたら、このカニは川に戻すことにしますからね!」

興奮気味に宣言する先生の言葉でカニの話題は一旦終了となったが、シンヤ君はいつまでもバツの悪そうな顔をしていた。

その週の金曜日に水槽を見ると、カニは二匹残っていたが、一匹いたはずのタナゴの姿が見えなくなっていた。

生物委員が水槽の中を探すと、タナゴの頭だけが残っていた。

「これ、きっとカニが食べちゃったんだ」

誰も餌を与えていなかったのだから、カニにとってはいい獲物だったのだろう。

だが、それを放置していたからか、翌週月曜日に登校したときには、二匹のカニも揃って死んでいた。

水は濁って異臭を放ち、二匹の死骸の周りには黴なのか微生物なのか、綿のようなものが絡んでいた。

その光景を見たシンヤ君も、いささかがっかりしていた様子だったが、すぐに気分を切り替えたようだ。

「またお父さんが釣りに行ったら獲ってくると思うから、もしそうしたら学校に持ってくるよ」

全く懲りていない様子だった。

だが、その翌日からシンヤ君は学校を休んだ。

風邪か何かで体調を崩したのだろう。皆、最初はそう思っていた。


小原さんが近所の公園で友達数人と遊んでいると、青い顔をしたシンヤ君のお父さんが、ふらふらと覚束ない足取りで公園に入ってきた。

彼はベンチに座ると、魚籠を足元に置き、何やら溜め息を吐き始めた。

小原さんはどうしたのだろうかと思いながら近づいていった。

「おじさんこんにちは。釣りに行ってきたんですか」

「ああ、猛君か。何か凄いもの見ちゃってね。ちょっと調子が悪いんだ」

どうも話を聞いていると、桂川の渡月橋から少し北の辺りで鮎を釣っていたらしい。今と違って、まだ護岸工事も完全でもなく、藪も多かった。彼がポイントを変えようと歩いていると、藪から黄色い子供の長靴がはみ出しているのが見えた。

妙に気になったので、何度目かの餌を変えるタイミングでその長靴を蹴った。

蹴った足に中身が入っている感触が伝わってきた。

——まさか。

黄色い長靴は、溺死した子供の履いているものだった。

一部が腐敗して異臭を放っているだけでなく、その遺体の腹の上には、うじゃうじゃと無数のサワガニが右往左往していた。まるで蠢《うごめ》く赤黒い絨毯《じゅうたん》のようだった。

シンヤ君のお父さんは慌てて公衆電話まで走り、警察を呼んだ。

そこからは事情聴取で、釣りどころじゃなくなったらしい。

「帰ってくる間も、ずっと吐き気が止まらないんだよ――」

子供に向かってそんな話をするのは如何なものかと小原さんは思ったが、とうとうベンチに横になってしまったので、一緒に遊んでいた友達に言って、シンヤ君の家まで走ってもらった。シンヤ君のお母さんを呼ぶためである。

シンヤ君のお父さんは、呼ばれてきたお母さんに抱えられるようにして、階段をふらつく足取りで上っていった。


結局、シンヤ君は二週間ほどの期間、学校に来なかった。

久しぶりに学校に登校してきたのだが、様子がおかしい。

長期の欠席の後ということもあり、どうしたのとクラスメイトが群がった。

元々はお調子者で、クラスでもムードメーカーだったのだが、その面影がない。

顔色も悪く、余り喋らない。

皆心配したが、本人は俯いたままで、何かを教えてくれる訳でもない。

小原さんも彼の様子が気になった。

――帰りに何か聞けないかな。

同じ公団住宅に住んでいるので、二人は帰り道が一緒になる。

下校中、とぼとぼと歩いているシンヤ君を見つけて声を掛けた。

「何か元気がなかったけど、どうしたの」

だが小原さんが話しかけても、相変わらず心ここにあらずといった様子だった。

何かいい話題はないかな――。

そうだ。この間の話をしよう。

「――そういえばさ、こないだ公園でシンヤのお父さんに会ったよ」

先日のことを彼に説明していると、シンヤ君は訥々と話し始めた。

「――実は、学校に行こうとしたら、凄く気分が悪くなったんだ」

二人の住む公団は、少し高台になったところにあり、学校に行くまでには坂を下っていく必要がある。

その坂を下っている途中で酷く気持ちが悪くなり、道路脇の排水口に向かって吐いた。

すると、その吐いた泡立つ胃液の中に、まるでミニチュアのカニのような、黄色いサワガ二の子供が何匹も蠢いていた。

彼はそれで気持ち悪くなって、家に帰ったらしい。

母親に伝えて熱を測ったところ、三十九度を超えていた。

医者からは食中毒との診断が下りた。しかし、家族の中で症状が出たのはシンヤ君だけだった。

それ以来、ずっと熱が下がらなかったが、昨日ようやく平熱に戻ったのだと彼は覇気のない声で教えてくれた。


彼は月曜日に登校してきてから、一週間に亘って調子が悪そうだった。

夏が近づいており、土地柄湿度が高いのもあって、毎年熱中症で体調を崩すクラスメイトも出る。大病の後だから、なかなか本調子に戻らないのだろう。そう小原さんもクラスの友人達も考えていた。

週末のことだった。

小原さんは『8時だヨ！　全員集合』というテレビ番組を観ようとしていた。いかりや長介が正に「8時だヨ！」と声を張り上げた直後にインターホンが鳴った。

これから良いところなのに。

そう思いながら応対すると、聞き覚えのある声がした。

「猛君いますか」

「こんな時間にどうしたの」

ドアを開くと、シンヤ君が立っていた。

彼の説明によると、両親が共働きなので、一人ぼっちのまま家で寝ていたら、何処から現れた小さなカニに襲われたのだという。

身体中がカニに引っ掻かれて傷だらけになってしまったので痛いのだと訴える。

小原さんの母親が心配して服を脱がせてみると、全身に引っ掻いたような傷が残っていた。

「うちでしばらく休んでいくと良いわ」

母親の言葉を受けて一緒にテレビを観ていると、彼は今度は青い顔をして、寒い寒いと訴えた。

夏場だが、確かに体温が下がっている。触れた手がびっくりするほど冷たかった。慌てて毛布を押し入れから持ってくる。

「怖いんだよぅ」

彼は毛布の中で震えながら、何度もそう繰り返した。

家には帰りたくない。家にはサワガニがいるから怖くて帰りたくない——。

夜十時を回った頃に、シンヤ君のお母さんが帰ってきた足音が聞こえた。

お父さんは夜勤とのことだった。

小原さんの両親が、シンヤ君の家に出かけていった。

しばらくしてシンヤ君のお母さんと一緒に戻ってきた。

「シンヤ君。カニはいなかったよ」

「シンヤ、一緒に帰るよ」

母親にそう促されて、彼は渋々帰っていった。


だが、彼はそれから目に見えて病弱になった。学校に来ない日も多く、体育の授業も休みがちだった。

今まで一緒に遊んでいた公園にも、殆ど姿を現さなくなった。

その後、小原さんは父親の仕事の関係で同じ京都市内の別の学区に転校することになった。だからシンヤ君のその後は知らずにいた。


高校に入学した頃に、小学校時代のクラスメイトから電話が掛かってきた。

「猛、シンヤ君って覚えてるか」

「覚えてるよ。どうしたの」

そう答えた小原さんに、クラスメイトは言いづらそうに告げた。

「明日お通夜なんだよ――」

驚いた小原さんは説明を求めた。

すると彼は、シンヤ君が桂川の上流に自転車で出かけた末に行方不明になり、水死体で発見されたということを教えてくれた。

「発見されたときには、遺体にカニが集《たか》ってて、随分と酷かったみたいなんだよ」

彼が何故そんな場所にまで出かけたのかも、よく分からなかったらしい。

小原さんはその言葉に、以前シンヤ君のお父さんが鮎釣りに出かけたのも、その辺りではなかったかと、遠い記憶を思い出していた。

柿の木

清さんは三十代後半の男性だ。彼は両親から受け継いだ築百年以上という家に独りで住んでいる。庭には立派な柿の木が植わっており、毎年のようにたくさんの実を付けるが、それは父親からの遺言で、もいではいけないと厳命されている。

柿は子供の頃によく食べた。近隣からいただくこともあり、味も嫌いではないが、清さん自身は、父が亡くなって以来、言いつけ通り庭の柿の実を食べたことがない。

それ以前はどうだっただろうか。

母との折り合いが余り良くなかったこともあり、高校時代からは高専に進んで寮生活を送ったので、よく覚えていない。

ただ、柿の実を食べてはいけないという遺言の由来を、母親に訊ねようと思っていた矢先に彼女も他界してしまった。

仕事から帰ると、母がいなかった。それはいつものことなので放っておいたが、翌朝雨戸を開けて庭を見ると、その柿の木の枝に縄を括って縊死《いし》していた。

ショックだった。ショックだったが、そんなものかという思いが強かった。

配偶者が亡くなったことで、心のバランスが取れなくなったのだろう。そう考えたりもしたが、本人の考えていたことなど分からない。

葬式も行わず、親戚への連絡も行わなかった。亡くなる前に、母親は親戚の連絡先を全て処分してしまったらしい。まるで残った自分に対する嫌がらせのようだった。

両親が次々と亡くなり、その後処理に追われる日々を過ごした。

何もやる気が起きず、仕事も辞め、ただただ漠としたまま過ごした。

周囲の様子にまで心を配ることができるようになった頃には、一年が無為に過ぎ去っていた。

季節は一周し、また冬が訪れようとしていた。

ただ冬にも実を放置していることで、柿の木は野鳥達のいい餌場になっており、実をもいではいけないのもそのためなのだろうか、などとぼんやりと考えていた。

年末のある日、法事で親戚一同が会する機会があった。

招待状が来たので清さんも出かけていったが、そういえば三十年以上生きてきて、法事で親戚に会うなど生まれてこの方、初めてのような気がする。両親が親戚付き合いを余りしていなかったのもあるのだろう。

それにしても自分宛に招待が来たのは不思議だった。父親が亡くなったことは伝えていたはずだが、母親が亡くなったことは親戚には伝わっていないはずだ。

お寺で読経をあげてもらった後で通された座敷を見回しても、一体、誰が誰やらよく分からない。ただ中に数人、清さんでも顔の分かる人物がいた。

その一人が、清さんがまだ子供の時分から老婆だった大伯母である。

彼女は過去に何度か家を訪ねてきたことがあった。だが、今回は二十年以上ぶりの再会となる。

巨大なテーブルの前、その中央に座した大伯母は、記憶と寸分違わぬしわくちゃでちびた剥製の置物のような容姿をしていた。記憶から歳を取っていないかのようで、清さんは妖怪か何かのようだと思った。実際のところ、大伯母は百歳を超えているはずだ。

しかし、彼女の容姿は知っていても、別段共通の話題などない。清さんはそう考えていたが、どうやら向こうはそうは思っていなかったらしい。

会の半ばで伯父の一人から大伯母のところへ行けと指示を受けた。

「お前、浩志の息子だろ」

大伯母は歯の抜けた聞き取りづらい声でそう言った。

「あ、はい」

「お前の両親は残念だったな。ところで、お前の家の庭には、まだ柿の木があるのかい」

あると答えると、彼女は「あれには触れちゃいけないよ」と清さんの顔を覗き込んだ。

「――それって、父もそう遺言していったんですが、一体どういう理由なんですか」

清さんはそう訊ねた。すると、大伯母は清さんのことをますます見つめた。

「教えられていないのか」

「え。何かあるんですか」

「教えられていないのか」

柿の木についてはそれ以上何か言われた記憶がないので、素直にそう答えると、大伯母は困った顔をした。


一週間後、清さんの家を大伯母が訪れた。

付き添いに伯父の一人を伴っていた。

「浩志は親戚皆と喧嘩して結婚したから、親戚一同余り関わらないできたけど、それも庭の柿の木が問題でね」

どうやら伯父も柿の木の事情を知っているようだ。

伯父は大伯母の手を引きながら庭に出た。柿の木を見上げると、大伯母がもごもごと口籠もりながら説明してくれた。

「あれの実に顔が浮くんだ。迂闊《うかつ》にその実をもがれると、そいつが死ぬ」

大伯母には柿の実に顔が浮かんで見えるらしい。

「お前の母親がお前や浩志に、あの柿の実を食わせたんだ」

伯父が吐き出すように言った。

大伯母は葉の落ちた梢に下がる真っ赤な柿の実を、じっと無言で見つめていた。

伯父に訊ねると、どうやら母親が柿の実の話を迷信だと言って、近所に振る舞って回ったらしい。家族にも食べさせたとの話だった。

その結果、親族から亡くなった者が何人も出たというのだ。

にわかに信じられない話だが、伯父も大伯母もそう信じているらしい。

それは親戚付き合いもできまい。

——そうか。恨まれていたのか。

生まれてこの方、そんなことには自覚がなかった。

先日、何も考えずに法事に出たのは、迂闊なことだったのだろう。

気が付かなかったが、皆、自分のことを忌み物を見るような目で見ていたのだ。

更に伯父が言うことには、母は夫に累が及ぶと、酷く親戚を恨み、付き合いを絶ってしまったとのことだった。

実の母だが、逆恨みも甚だしいにも程があるではないか。

確かに母親は苛烈なところのある人だった。それは歳とともにエスカレートしていき、実の息子にも辛く当たった。

正直なところ、清さん自身も母親が亡くなったことにほっとしている。そういう人物だったのだ。

だが、今、そんなことを愚痴っても仕方がない。

目の前の二人も、自分のことを何処かで恨んでいるのだろう。

恨みを晴らしたい当の人間は既に他界し、残っているのはその息子だ。そこは割り切れるのだろうか。


「何か見えますか」

「何も見えん――」

伯父の質問に、大伯母が答えた。

母親がぶら下がっていたのは、確かあの枝だった。

二人の言葉を聞きながら、清さんはまだ実を付けている柿の枝をぼんやりと眺めた。

「でも、あそこにまだいるな」

母のことだろうか。

背中に何かが這うようなぞくりとした感覚が伝わる。

その直後、全ての柿の実が枝から落ちた。熟しきった実は地面に叩きつけられ、ぼとぼとと湿った音を立てて潰れた。

あまりのことに声もなくその光景を眺めていると、大伯母がその場で蹲り、苦しみ始めた。

「救急車を呼びましょう」

清さんが伯父にそう申し出ると、彼は首を振った。

「もう遅い」

大伯母は白目を剥き、泡を吹いて動かなくなっていた。

伯父は彼女を車に乗せて帰っていった。


それから親戚の訃報が続いた。

先だって家に来た伯父も亡くなったというハガキが届いた。

訃報は今も続いている。

幼い子供も亡くなったらしい。

きっと親族は皆亡くなって、そのたびにハガキが届くのだろう。
しかし、清さんは一度も葬儀に参列したことがない。
ハガキには住所も何も書かれていないからだ。
深く深く。何処までも深く恨まれているのだ。
どうすればいいのか分からない。
柿の実は今年もたわわに実っている。
もちろん、赤く熟したそれに、今後も触れるつもりはない。

今何時

最近知り合った、剛志さんというカフェバーのマスターから聞かせてもらった話である。

彼は、高校時代には仲間と心霊スポットを訪れるのが趣味だったという。

だが、ある事件を境にそれを辞めた。

「今でも心霊とかオカルトとかは信じてないんですけど、やっぱ、友達が変な感じになるとか、キツいっすよ」

それはそうだろう。


「今何時？」

今日も始まった。

毎日のことなので無視していると一旦黙るが、また二分くらいで〈今何時？〉が繰り返される。

武郎とは、昨年の夏に仲間数人で心霊スポットに肝試しに行った。

今まで何度も遊びに行っているスポットだった。周囲でもお化けを見たという話は聞かない。だから、ただちょっとしたスリル、不安、緊張を味わいに行っただけだ。

そこで武郎の頭に何かが降ってきて当たったらしい。以来、彼はおかしくなってしまったのだ。

本人にそのときの記憶はないという。一方で首が詰まったような感覚は一年以上続いており、今もまだ完調とは言えない様子だ。

剛志さんが武郎と先輩、他に義徳と四人で出かけていった心霊スポットは、山中の廃トンネルだった。何かが降ってくるとすれば、滲み出した水滴くらいだろう。崩れた切片なら、もっと大ごとになっている。

実際、仲間は誰も降ってきたものを見ていないし、音も聞いていない。

周囲にそれに相当するものも転がっていなかった。

だが――。

「今何時？」

それ以来、武郎が繰り返し繰り返し時刻を訊くようになったのだ。

「――武郎さ、もうそれいい加減にやめねぇか」

多分、そう言ったときに、自分は不貞腐れたような顔をしていたに違いない。

剛志さんはそう述懐する。

それを聞いた武郎も、困ったような顔をした。

剛志さんは、〈今何時〉は、一緒に肝試しに行った仲間達の心の負担になっていると考えている。聞けば、武郎の親も困っているらしい。

放っておけば十五分ほどで治るが、授業中でもバイト中でも構わず始まるのは、武郎自身も困っているだろう。

だから、何かいい方法があれば、それを止めてやりたい。

「――でも、俺、どうしたらいいか分からねぇんだよ」

そうかもしれない。

もし分かっていれば、改善しているだろう。

だが、一年を経て、まるで変わらないのだ。

病院にも行ってみろと再三繰り返したが、どうも行くつもりはないらしい。

「俺だって、どうしたらいいか分からねぇんだよ」

武郎は繰り返した。

「なら、また――あのトンネルに行くか」

やりとりを聞いていた義徳が声を掛けた。

以前肝試しに行った場所に、再度足を運んでみようという誘いだった。何か切っ掛けが見つかるかもしれない。義徳は二人にそう説明した。

前回も心霊スポットへは先輩の車に乗せてもらっていった。そのときから不調だとの話を聞いて、先輩も武郎のことを心配してくれていたらしい。

「武郎がまた一緒に行けるようになって、俺も嬉しいよ」

この一年、彼も余り遠出をしていないらしい。

懐中電灯を照らしながら、車を降りて打ち捨てられた舗装道を登っていく。

「意外と寒いな」

「前回はまだ夏だったし、明け方近かったたっしょ」

そんなことを言いながら上がっていく。武郎は黙ったままだ。

二十分ほど過ぎたところで、目的地の廃トンネルが真っ暗な口を開けているのが見えた。

「入ろうか」

先輩の言葉を皮切りに、四人がトンネルの奥へと進み始めた。

誰も一言も発さないままだ。足音と息遣いがトンネルにこだまする。

もうそろそろ半分だ。

「――今何時？」

武郎だ。

「今何時？」

「今何時？」

まるでしゃっくりでもするかのように、同じ発言を繰り返す。

「今何時？」

普段なら放っておけばすぐに黙るはずなのに、それが止まらない。

先輩がスマートフォンを取り出して、時刻を確認して、「もうじき十時だ」と答えた。

それでも武郎は止まらなかった。

いつまでも続く〈今何時〉に、義徳が呟いた。

「お前、何時って言ってほしいんだよ……」

その問いに、武郎は答えなかった。

「今何時？」

「今何時？」

そう繰り返す武郎の腕を引っ張り、懐中電灯を取り上げてトンネルの出口まで連れていく。

トンネルの中でおかしくなったのだから、まずはトンネルの外に出すのが先決だろう。

剛志さんはそう考えた。トンネル外では、まだまともだったのだから、妥当に思えた。

もう一つ思いついたことは、何かキーワードがあるのではないかという点だった。

何かキーワードに辿り着ければ、武郎は正気に戻る。そう考えたのだ。

「今何時?」

現在時刻を答えても、武郎は反応しない。

彼が自分の意識が保てているかも不明だ。ただ、自分で立って歩いてくれるだけでもありがたい。倒れられたら、車まで三人で連れていかねばならないのだ。

「武郎よぉ。本当にお前どうしちゃったんだよ——」

「今、何時?」

「——もう夜が明けるぞ」

背中から、先輩がそう声を上げた。

すると、武郎は黙った。

「おい、武郎どうしたよ」

「そうか。それならば、もう帰らねばならん頃合いか」

武郎の声ではない。聞いたことのない低い声だった。

彼は突然、握っていた剛志さんの手を振り払うと、廃道の先に向かって走り出した。

追いかけようとしても、全く追いつけない。

「おい待てよ！」

三人で追っていく。だが、暗闇の中を意にも介さぬように走り去っていく武郎には追いつけなかった。

その後、正気に戻って帰ってくるのではないかと、トンネルの入り口で明け方まで待つことにした。先輩は警察に相談してくると言い残して、車に戻った。

「明け方、武郎がふらふらしながら戻ってきたんで、先輩に電話して、車を回してもらったんですよ。でも、それから武郎の奴は学校に来なくなっちゃって――」

しばらくして、彼は高校を退学した。

彼が家族と暮らしていたアパートの部屋ももぬけの殻になっており、その後、武郎が何処に行ったのかは、知り合いの誰も知らないのだという。

来る人

智子さんが高校生の頃の話である。

彼女の母親の友人グループに田中さんという女性がいた。田中さんは高齢だがとても愛想のいい人で、グループの皆から好かれていた。

彼女は睡眠障害を患っており、いつも睡眠薬を常用していた。ただ、あるとき、オーバードーズで意識不明になってしまった。恐らく普段から素人判断で薬の量を調節していたのだろう。

それから一年ほど経った。

意識も回復せず、状況も改善しない。これ以上は病院でも診られないということで、田中さんは自宅介護になったという噂だった。

母親をはじめとするグループの女性達は、よく集まっては田中さんの噂を繰り返していた。

「田中さん、植物人間で家で寝たきりだっていうわよ」

「大丈夫かねぇ。お見舞いに行ってあげたいわねぇ」

智子さんも普段からそんな会話を耳にしていたため、田中さんは自宅で寝たきりだと思っていた。

ある日のこと、学校からの帰りに近所を田中さんが歩いているのを見かけた。パジャマのような服に薄いカーディガンを羽織り、赤いサンダルを履いている。以前の彼女ならそんな格好で人前に姿を現す人ではなかったはずだ。

彼女は友人グループでも仲の良かった黒木さんの家に遊びにいく途中のようだった。黒木さんの家は県営住宅の一階の角部屋で、そちらに向かって歩いていたからだ。

智子さんは自宅に帰って、田中さんのことを母親に報告した。しかし、母親は急に不機嫌になって声を荒らげた。

「そんなことありっこないでしょ！」

「でも、黒木さんちのほうに歩いていったよ」

「人聞きの悪いこと言わないでよ！」

智子さんには何故母親がそんなに激昂するのか理解できなかった。

その日以来、田中さんが黒木さんの家に遊びにいく姿をよく見かけるようになった。大体似たような服装で、まるで病院にいるみたいな格好だなと、智子さんは思った。

そんなある日のこと、黒木さんが留守だったのか、田中さんが引き返してくるところに出くわした。

「あらぁ。元気ぃ？」

智子さんに気が付いた田中さんから声を掛けられた。

「御無沙汰してます。お身体悪くされていて入院なさってたって伺いましたが、もうお身体大丈夫なんですか？」

「元気よぉ。でも娘とかが気を遣って、余り外に出させてくれないのよぉ」

「そうですか、それは良かったです。でも無理されないようにしてくださいね」

そんな短い会話をして別れた。


——なんだ。やっぱり元気になったんだ。

帰宅してそれを母親に報告すると、あり得ないとばかりに頭ごなしに否定された。

つい先日、田中さんと同居している娘さんが家にやってきて、母親は遠くへ行ったので、お見舞いなどには来ないでくださいと言ってきたのだという。

「多分、まだ亡くなってはいないけど、ずっと意識も回復しないし、介護疲れもあって、近所に気を遣うのも嫌なんじゃないのかね」

母親は友人グループでも、田中さんが意識を取り戻したという話は聞いたことがないと、追い討ちをかけるように付け加えた。

一週間ほど経って、智子さんは母親から、黒木さんが亡くなっていたという話を聞かされた。

彼女は住んでいた部屋の玄関で、蹲るようにして亡くなっていたらしい。黒木さんは一人暮らしだった。孤独死の末、異臭に気付いた管理人によって発見されたという。

「それでね黒木さん、田中さんの夢を見てたらしいのよ」

そんなことを聞かされても気持ちが悪いだけなのだが、母親は語ることをやめなかった。

真っ暗な中で、ずっと田中さんに呼ばれている夢を見るのだと、黒木さんは何度も繰り返していたらしい。

「あんたも田中さんに会ったとか言うから、心配しちゃうじゃないの――」

その後、黒木さんの入っていた県営住宅には、友人グループの一人の斉藤さんが入居することになった。

ただ、半年もしないうちに彼女も亡くなった。

近所に住む娘さんが、連絡が取れないからと訪ねていったところ、斉藤さんは居間で事切れていたらしい。

その半年の間に斉藤さんの家には田中さんが何度も訪ねてきていたという噂だった。確かに智子さんも道で何度か田中さんの姿を目撃している。

斉藤さんの次に入ったのは、友人グループとは全く関係のない三十代の夫婦だった。

一年ほどのうちに夫婦の間に赤ちゃんが生まれたようで、智子さんもベビーカーを押している奥さんを見かけたことがある。


ある週末、智子さんの自宅で母親の友人グループの会合があった。学校が休みで家にいた智子さんにも、その会話が耳に入ってくる。

「田中さん、黒木さんの部屋に、まだ通っているらしいわよ——」

「あの御夫婦、田中さんとは関係ないんでしょ」

噂好きの奥様達はこの一年何度も同じ話を繰り返している。

「何も悪いことがなければいいけどねぇ」

「旦那さん、最近疲れた顔してるわよぉ」

側から聞いている智子さんにとって、その会話は、まるで何か不幸なことが起きてほしいのではないかと期待しているようにも思えた。

そして、その予測は真実となった。

夫婦の旦那さんが心臓を病んで　病院に運ばれたというのだ。

旦那さんは病院から戻ることはなかった。赤ちゃんを連れた奥さんは実家に戻ったという話だった。

その頃には、田中さんが黒木さんの部屋以外にも来るようになったという話が聞こえてきた。

同時期に友人グループの二人が入院し、その二人ともが、家に田中さんが来たと言って亡くなった。他にも田中さんの夢を見たとか、田中さんの姿を見たという人も増えてきた。

田中さんが倒れてから何年も経っているが、若いままの姿で出てくるらしい。

いつ田中さんが来るか分からない。

それに対してどうしていいのかも分からない。

友人グループの誰もが家にいてもインターホンに出ないという状態が続くようになった。とにかくずっと居留守なのだ。一度田中さんが訪れてからは、智子さんの母親は家を空けることも多くなった。

それが幸いしたのか、智子さんの母親は体調を崩すこともなかった。

その日は家に智子さんしかいなかった。

家で本を読んでいると不意にインターホンが鳴った。

数日前に頼んだ通信販売の荷物が届いたのかもしれない。彼女はインターホンの受話器を上げた。

だが、液晶モニタに映ったのは宅配便の配送員ではなく、田中さんだった。

以前と同じくパジャマに薄いカーディガンを羽織った姿で、インターホンのカメラを覗いている。

しまったと思ったが、後の祭りだ。

「はい、どちら様ですか」

勤めて冷静にそう返事をした。

「――智子ちゃん？　智子ちゃんよね。田中です。お母さんいらっしゃる？」

「いえ、母は留守にしていまして」

「あらそうなの、残念ねぇ」

彼女はそこで言葉を区切って続けた。

「――それなら智子ちゃんでもいいわ」

全身から血の気が引いた。

智子さんは受話器を戻し、自分の部屋に駆けていくと、頭から布団を被った。

しばらくの間、インターホンから呼び出し音が鳴り続けているのが聞こえていたが、十分と経たずに音は止んだ。


ある日、智子さんは田中さんが亡くなったと母親から聞かされた。

「田中さんの娘さんもノイローゼっぽくなっちゃってたみたい。そりゃそうよね。朝から晩まで早く何とかしてくれって電話が掛かってきてたみたいだし」

きっとその電話を掛けていたのは、母親の友人グループのメンバーなのだろう。

もしかしたら母親もそれに加担していたかもしれない——。

智子さんの脳裏にはそんな考えも浮かんだが、慌てて打ち消した。


田中さんが倒れてからの五年間で友人グループと黒木さんの部屋で亡くなった人の合計は八人に及ぶ。

彼女がずっと意識も戻らずに寝たきりで過ごしていた部屋は、数日後には灯りも点らなくなった。ひっそりと介護を続けていた娘さんは、誰にも挨拶をせずに引っ越していったようだ。

それ以来、田中さんの夢を見る人も、彼女にインターホンを鳴らされる人もいなくなった。

待ってたよ

　現在、都下のとある私立大学に通う、亀谷君から聞いた話である。

「そういや、小学校のときに、遠足に行ったよなぁ」

　純也が不意にそんなことを言い出した。彼とは小学校の低学年の頃からの腐れ縁だ。

　亀谷君の小学四年生の遠足は、動物園だった。

「ああ。行った行った。何て動物園だっけ」

　その会話を聞いて、巽も口を挟んできた。こちらも腐れ縁仲間だ。

「俺多分、家に帰れば、その写真すぐ出てくるぞ。動物園の門のところで集合写真撮った奴だろ」

「確か、先生がポラロイドで撮ってくれた写真貰っただろ。懐かしいな」

「――そうだったっけ」

　純也と巽にそう言われても、亀谷君はピンとこなかった。先生にそんなことをしてもらったこと自体、忘れてしまっている。

「何だよ、記憶力ねぇなぁ」

純也が笑った。


帰宅して亀谷君は机の引き出しを開けた。

机の中を漁ってみると、半透明の小さめなクリアフォルダの中に、確かに先生がポラロイドで撮った写真と、運動会や修学旅行で撮った集合写真が収められていた。

──ああ、こんな写真もあったか。

動物園の入り口に立つ象の彫られた柱には記憶がある。クラスの集合写真はその前に三列になって撮影されていた。

「何だこれ」

最前列の左端から三番目に自分が写っている。それはいい。自分の右に巽が写っている。これもいい。

だが写真の中の自分は、左隣にいる少し背の低い子と手を繋いで立っている。その子は緑色の体操着のようなものを着ている。そして一番左端が純也だ。

──こいつ誰だっけ。

三人は現在中学二年生で、同じ小学校出身者は皆同じ中学校に通っている。私立中学に行ったクラスメイトは、少なくとも自分のクラスにはいなかった。引っ越していった者もいるが、大体がメッセージアプリで繋がっている。

亀谷君は小学校のクラスメイトの顔を一人ずつ思い出していった。だが、どうしても思い出せない。

緑色の体操着というのも奇妙だ。

スマートフォンを取り出し、カメラで撮影する。メッセージアプリに添付して純也と巽に送った。

純也からは一分と経たずに返信が返ってきた。

〈俺、このとき、お前の隣にいたはずなんだけど〉

恐らくそうだろうと思っていた。ならこの隣に挟まっている子は誰だ。

〈この子誰？　同級生にいたっけ？〉

その直後、巽から写真を添付したメッセージが送られてきた。

写真はどう見ても同じ写真を写したもので、その写真の中では、純也、亀谷君、巽の三人が並んで笑っていた。

翌日、亀谷君は写真を持って登校した。

「おはよう」

「おはよ。昨日のあれ何」

純也がそう訊くので、鞄から写真を取り出した。

「お前も持ってきたのか。俺も持ってきたよ」

彼も写真を取り出した。

写真を見せ合うと、亀谷君の写真には背の低い男の子が写っているが、純也の写真にその子は写っていない。ただ、写真の他の部分は同一だ。

「え。何これ。気持ちが悪いんだけど」

「おはよう。あ、やっぱり写真持ってきたんだ」

巽も写真持ってきたよと言いながら、近寄ってきた。

「こんな奴、うちの学年にいなかったよなぁ。ちょっと他の奴らにも聞いてみようぜ」

巽はクラスの数人に声を掛けた。クラスメイトがぞろぞろと集まってくる。

「うっわ懐かしい写真持ってきてるー」

「このときあたしブサイクに写ってるから見ないでー」

変に盛り上がっている女子達に、亀谷君は自分の持ってきた写真を渡した。

「俺の隣に、何か背の低い子写ってるでしょ。この子見覚えある?」

それを見た女子達は、首を傾げた。

「うちのクラスにはいなかったよ。あと明らかにこの子小さいじゃん。同じ学年じゃないんじゃないの?」

「こんな奴知らないよー」

「え、こっちの写真には写ってないじゃない」

「うわ。心霊写真じゃん!」

口々に気持ち悪い気持ち悪いと言われ、亀谷君は困ってしまった。

今まで全く気が付いていなかったのだ。だが、気が付いてしまった今、何かが起きるのだろうか。それとももう既に起きてしまったのだろうか——。

「これさぁ、テレビの心霊写真の番組に送ったりすればいいんじゃないの?」

「でも、はっきり写りすぎているから信じてくれないんじゃないの?」

周囲が口々に話しているところに、亀谷君が口を挟んだ。

「そうだよなぁ。この写真は俺らだけの話にしとこう」

「違うよ、俺らじゃねえよ。お前だけの話だよ!」

巽が突っ込んだ。

時代は下り、亀谷君は大学を受験した。

既に腐れ縁の二人とは別々の高校になっていた。中学生時代の心霊写真騒ぎのことも忘れかけていた。

彼は東京の外れにある大学に受かった。

受験のときから気が付いていたが、その大学の最寄り駅の隣の駅には、動物園の名前が付いている。

——動物園？

少しもやもやする。

これから世話になるアパートの部屋を契約し、両親とアパートを訪れた。

「ちょっと気になるんだけど、そこの動物園って、俺が小学校のときに遠足で来た動物園？」

「そうよ。偶然ね。こんなところに大学があるのも面白いわねぇ」

母親は車窓から周囲の様子を眺めながら答えた。

「ちょっと車を見ててね」

「うん。え、どうするの」

「あたし達、大家さんに御挨拶してくるから」

両親は亀谷君を残して二人で行ってしまった。

車を見ていろと言われた以上、離れる訳にもいかない。彼がアパートの前の道で、スマートフォンを見ながら手持ち無沙汰にしていると、ズボンの裾を何かが軽く引いた。

何か引っかかったのかなと、スマートフォンの画面から目を外さずに叩く。

すると、もう一度軽く引かれた。

亀谷君が視線を上げ、何の気なしにズボンのほうへと目を向けると、そこに男の子がしゃがんでいた。

緑の帽子を被り、緑の体操着を着ている。

「待ってたよ」

男の子はそう言葉を残して、消えてしまった。


大学入学後、彼はそのアパートに住むことになったが、男の子は別に部屋を訪れたりはしなかった。

だが、男の子とは、大学の登下校で必ず顔を合わせた。朝でも夜でも関係ない。

普通の子ではない、というのはよく分かった。

だから、なるべく関わらないように無視して過ごしていた。

ある日、その男の子が一軒家の前に立っていた。

普段通り無視して通り過ぎようとしたときに、男の子はにっこりと笑い、「僕んちここだよ」と言い残して消えてしまった。

近所だし、苗字も知ってしまった。これからどうなるかは分からない。

もう友達には相談できない。

――俺らじゃねえよ。お前だけの話だよ。

そう斬って捨てられたのを、亀谷君は忘れていない。

お守り棒

「先生は変な話に詳しいと聞いたんですけど」

大塚という学生から、不意に声を掛けられた。彼は都内の私立大学に通う四年生だ。

「何か変なことが起きているなら、話は聞きたいけれども何もできないよ」

そもそもお化けも見えなければ、何か修行をした訳でもない。

こちらにできることは、不思議な体験談を聞き取って、物語の形で書き記すことだけなのだ。

だが、その返事を聞いた大塚君は、今から話す内容に似たような話を知らないかを教えてくれるだけでいいと言って、子供の頃に体験した内容を話してくれた。


「まず、お守り棒って言葉に聞き覚えはありませんか」

〈お守り棒〉は初耳だった。棒状のものがお守りになるといえば、破魔矢のようなものがあるが、そういった類かと訊ねると、そうではないらしい。

彼の説明によれば、お守りを棒状に固めたようなもので、長さは握りを含めて四十センチほど。大量のお守りを結びつけてあり、彼が見たことがあるそれは、ラップのようなものでぎゅうぎゅうに縛り付けられていたらしい。

「それで、先っぽからはお守りが幾つかぶら下がってて、祈祷するときに神主さんが振るあのわさわさしたものの見窄《みすぼ》らしい奴っぽいんですよ」

紙垂《しで》を棒に取り付けたものは、正しくは大麻《おおぬさ》というのだと説明すると、大塚君は何度か頷いた。

「それの紙垂がお守りになってるんです。こんなの知ってますか」

形状から、西洋のフレイルと呼ばれる武器に似ているなと思ったが、生憎と記憶にない。正直にそう答えると、大塚君は「はぁ。先生でもダメですか」と落胆した声を上げた。

試しにその場でウェブを検索してみても、似たようなものは出てこない。

「そのお守り棒がどうしたの」

「多分、僕の一族、とはいっても母方の家でだけ使われていたものっぽいですね。いや、その――」

彼は一瞬逡巡した。

「――多分それが原因で、家が絶えちゃったんですよね」

家が絶える――？

大ごとなのは間違いない。だが、大塚君はまるで世間話でもしているかのような笑顔を見せた。

大塚君がまだ小学校低学年のときの正月の話だという。

彼は母親に連れられて、伯父の家に年始の挨拶に行った。

今から考えると不思議なのは、父親を置いて、元旦一番に二人きりで家を出たことだ。

だから、何か特別な事情があったのだろう。

伯父の家は母親の生家でもあったが、現在は伯父一家が暮らしている。

昔は祖母も一緒に住んでいたが、今は施設に入っている。祖父は他界して久しい。

惟人《これひと》という六歳上の従兄がいたが、まだ小学校低学年の大塚君のことは、遊び相手として見てもらえなかった。

なので、その家に行くのは、余り好きではなかった。

ただ、毎年正月と夏には、母親に手を引かれ、伯父の家へと連れていかれた。

そのときには、母親はよそ行きの顔をして、普段より優しかった。行き帰りに新幹線に乗ることができるのも嬉しかった。

伯父の家に到着したのは昼前のことだった。

二人で玄関先で挨拶を済ませると、母親は家に上がらずに帰ろうとした。しかし、兄から声を掛けられ、渋々家に上がった。

伯母は出かけているのか、姿を現さなかった。

「まだ正月らしいこともしていないんだろ」

確かにそうだ。朝からずっと電車に揺られて、やっと辿り着いたのだ。

「残り物で悪いが、何か食ってけ」

和室に案内された。無垢の一枚板のローテーブルにはお節料理が並んでいる。

何でも好きなものを食べていけばいいと、紙皿と割り箸を渡された。

お節の入っている重箱は、既に半分ほど空になっている。

伯父は大分酔っ払っているようだが、そこに更にお屠蘇だと繰り返し、茶碗に並々と注いだ酒を呷った。

「惟人、日奈子に挨拶しろ」

日奈子とは母親の名前だ。従兄がテーブルまでやってきて、ぺこりと頭を下げ、あけましておめでとうございますと、小さな声で呟いた。

大塚君の母親が、ハンドバッグからポチ袋を取り出し、彼に手渡した。

——お年玉だ。

すると、その様子を見ていた伯父も、「お年玉か」と言って、奥へと引っ込んだ。

その隙に従兄は隣室に移動してテレビゲームで遊び始めた。

大塚君も遊びたいと思ったが、母親が横に腰を下ろして、いい子にしていなさいと怖い顔をしたので、我慢して座っていることにした。

伯父には気分屋なところがあり、ちょっとしたことで声を荒らげて怒り出すというのは、大塚君も理解していた。

「日奈子の息子、お前にもお年玉だ」

伯父はしたたかに酔ってしまっているようで、甥っ子の名前も思い出せないようだった。

渡されたポチ袋を受け取り、礼を言ってテーブルの上に置いた。

そのとき、格闘ゲームで遊んでいた従兄が、対戦に負けて、コントローラーを脇に置かれた座布団に放り投げた。そのまま後ろに倒れて腕を伸ばす。

その態度が伯父には気に食わなかったようだ。

「せっかんだな」

普段聞かない言葉を吐いて、伯父がやおら立ち上がった。

鬼の形相だった。怒りか酒か、顔も赤黒く染まっていた。

彼は仏間に入ると、色とりどりのお守りが巻き付けられた棒を持ち出し、まだ横になっている惟人君を踏みつけ、その頭に棒を振り下ろした。

従兄の頭部から、鳴ってはいけない音がした。

伯父は、完全におかしくなっていた。充血した目を剥き出しにして、息子に向かって、何度も棒を振り下ろし、意味の分からない問いかけを続けていた。

「お前は何者だ！」

「何者だ！」

「誰なんだ！」

「答えろ！」

今度は伯父が柱に頭を叩きつけ始めた。

家が揺れる。

もうこちらのことは意識していないようだ。

「帰るわよ」

顔色を変えた母親が強く手を引いたことで、大塚君は我に返った。

母親は伯父に声も掛けずに玄関へと向かった。

背中から、従兄の絶叫が聞こえてくる。

玄関を出て、近所のコンビニに小走りで移動し、公衆電話でタクシーを呼んだ。

新幹線を待つホームで、あの家にお年玉のポチ袋を忘れてきたことに気付いた。それを母親に言うと、彼女は優しい顔で「そうだったの」と答えた。

彼女は優しい表情を崩さずに続けた。

「でもおじさんも、惟人君も濁っちゃったから。〈濁り人〉になっちゃったから、もう行ってもダメじゃないかな。残念だったね。帰ったらお父さんにお年玉貰おうね――」

二人が家に戻ったのは深夜だった。

父親は特に変わったこともなく、お節料理を取り出して、一緒に食べようかと誘った。

疲れが出たのか、大塚君はそれを食べているうちに寝てしまった。


次に伯父の家の話が出たのはお盆の時期だった。

「大丈夫よ。今年からあの家にはもう行かないからね――絶えちゃったから」

確か、母親はそう言った。少し寂しそうだった。


「こんな感じの経験をしたんですが、完璧に忘れてたんです。だから最初は夢の中の出来事だと思ってて――」

高校生になった頃に、母親にその話をしたらしい。

すると母親は、その体験は夢ではないと教えてくれた。

実際にお正月に行ったし、伯父が怒り出して、ほうほうの体で逃げ出したのも本当のことだと言われた。

「もう、あの家は絶えちゃったからねぇ」

母親は、特に感情を見せずに、その経緯を教えてくれた。

あの日から行方不明になっていた伯父はしばらくして戻ったが病死。

従兄は事故死。

伯母は病死。

祖母もその冬を越せずに亡くなり、あの家のあった土地は、更地になっているという。

「全部、お兄さんが、〈お守り棒〉を持ち出したのがいけなかったんだわ」

母親は、あれには神様が宿っているから安易に使ってはいけないものと、祖父母に含められていたのだと説明した。ただ、それ以上詳しいことは教えてもらえなかった。

大塚君は、その話を聞いて、疑問に思った点を母親に質した。

「それじゃ、何で僕やお母さんは大丈夫だったの」

「あたしはもう結婚して、あの家を出てたからね」

母親の言葉は、それ以上の質問を拒むような、妙にそっけない態度だった。

「──ただその土地は母が相続してるんで、そのうち僕のところにまで来るんですよ。でもうちの母親は昨年新型コロナで肺炎起こして亡くなっちゃったんで、もう誰にも詳しいことが聞けないんです。もし先生のほうでも、何か分かったら教えてください」

大塚君は、そう言って去っていった。

Hヶ峰

その日、玉乃さんは少し遠くの客先に向かう際に、社員の櫻井さんの運転する社用車に乗って送ってもらっていた。片道でもタクシー代が浮くのなら安いものだ。会社が忙しい時期ではなかったし、この御時世、経費が削減できるなら、社員が運転手をすることくらい何でもないらしい。

玉乃さんは怖い話が好きで色々な人に訊いて回っている。タクシーに乗れば乗務員に何か怖い話はないかと訊ねるのはいつものことなのだ。櫻井さんに対しても同じ感覚で何か怖い話はないかと水を向けてみたのだという。

櫻井さんは少し思案して答えた。

「昔、仲間と一緒に心霊スポットに行ったんですよ」

その発言が意外だった。社員の中で一番真面目ともいえる彼には、心霊スポットに行くようなイメージがなかったからだ。

現在の櫻井さんは三十歳を少し超えたくらいで、その彼が学生だったというのだから、まだ十年と経っていない。

「広島にＨヶ峰という心霊スポットがあるんです。俺と大学の先輩、その先輩の彼女、あと同学年の友達のヒロシの四人で行ったんですけどね——」

櫻井さんの運転する車に乗って四人で出かけるのは、よくあることだったそうだ。

今回の目的地を決めたのは先輩だった。Ｈヶ峰は夜景スポットとしても人気があるが、一方で集団暴行殺人事件の後で遺体が遺棄された場所でもある。それ以前からも心霊スポットとして知られている。

先輩が言うには頂上にある展望台に女性の幽霊が出るという話だった。


夜中にグネグネとしたつづら折れの急坂を登っていく。

「ここ、知らないと展望台まで行くの無理じゃね」

櫻井さんは何度も来たことがあるので迷うことはないが、初めて来た先輩は分岐路が幾つもあるのを見て嘆息した。

展望台からは眼下に広がる夜景が素晴らしかった。

「星も凄いよ！」

カップルには、もはや心霊がどうという状況ではないようだった。

「何も出ないね。それにしても、もっと人がいてもいいのに」

ヒロシが言う。人が少ないのは時間帯にもよるのだろう。以前初日の出を見に来たときには大変な混雑だった。

「さ、帰るか」

幾つも心霊スポットを訪れているが、櫻井さんは今まで何も起きた経験がない。だから、いつもこんなものかと、拍子抜けしたような呆気ないような心地で立ち去ることになる。

四人は駐車場へと向かった。

「帰る前にちょっとトイレ行ってくる」

「あたしも」

先輩と彼女は駐車場から更に下側にあるトイレに駆けていく。

戻ってきた二人に訊いても、トイレでも特に何も起きなかったらしい。

そんなものだろう。

櫻井さんは三人をそれぞれの家まで送り届けた。

駐車場からアパートに帰って、後ろ手でドアを閉めたところで違和感に気付いた。

ダイニングキッチンの先に寝室があるのだが、怖くてそこから先に進めないのだ。

——これは何だ。

自分の部屋の中で恐怖に立ち往生する体験は人生で初めてだった。

一体どうすればいいのかも分からない。

理由も分からずに震えていると、キッチンの隅にある自宅電話が鳴った。

突然のことに櫻井さんは飛び上がった。だが実家からの緊急の連絡かもしれないと、慌てて受話器を取る。

すると、電話を掛けてきたのは、先ほど送っていったヒロシだった。

「携帯に電話しても繋がらないから、こっちに掛けたんだけど、今すぐ来てくれないか」

どうしたのかと訊ねてみても、ヒロシはただ何度も怖い怖いと訴えるだけだった。

「分かった。今すぐ行くから」

埒が明かないのにも困ったが、櫻井さん自身も恐怖で寝室に移動することすらできないのだ。友人からの呼び出しは、ある意味渡りに船だった。

ヒロシの部屋に急行すると、彼はワンルームマンションの部屋の真ん中でブルブル震えていた。

声を掛けても立ち上がれないようだ。

「いいから部屋出ようぜ」

櫻井さんは彼に手を貸して、二人で車へと移動した。

助手席に座らせると、ヒロシは少し落ち着いたようだった。

櫻井さんが、自分も部屋に帰ったら、寝室のドアの向こうが怖くて、寝られないでいたのだと打ち明けると、ヒロシも最初は自分の部屋のドアが怖くて開けられなかったのだと説明した。もちろん彼にとっても、そんなことは人生で初めてだった。

そんなやりとりをしていると、携帯電話に着信があった。

見ると先ほど送っていった先輩からだった。

「とにかく来てくれ。彼女が手術中なんだ」

指定されたのは、先輩のアパートではなく、市内の大きな病院だった。


病院では先輩が疲弊しきった顔で待っていた。

「どうしたんですか」

「どうしたもこうしたもないんだよ」

先輩は彼女と同棲しており、櫻井さんは二人を同じアパートに送り届けた。

先輩はそれからの顛末を説明してくれた。

自室に帰って、二人でシャワーでも浴びて、もう寝ようかと話しているうちに、彼女さんの様子がおかしくなってきたのだという。

急に話が支離滅裂になると、罵詈雑言《ばりぞうごん》を吐き始め、先輩が戸惑っているうちにキッチンから包丁を持ち出した。

慌てて止めている先輩の目の前で、彼女は自分自身の腕を切りつけてしまった。

彼女は意識を失い、その場で卒倒した。

先輩は慌てて救急車を呼んだ。

「――それで今し方病院に運び込まれて、今手術の最中なんだよ」

心配しているのは分かるが、その言葉の端々に戸惑いが読み取れた。

そうだろう。幾つもの心霊スポットを訪れてきた櫻井さんにとっても、こんなことが起きるのは初めてのことなのだ。

「まぁ、ありがたいことに先輩の彼女さんは一命を取り留めたんですけど、手術をした後で何が起きたのか全然覚えていなかったんですよ。豹変した理由も全く分からないって。あと、どうやら展望台に女性の幽霊が出るというのは違っていて、トイレに自殺をした女が出るって噂なんですよねぇ。これも関係があるのかないのか、全然分からなくて――あ、着きましたよ」

櫻井さんの話を聞いているうち、客先にはあっという間に着いた。

送ってくれたことに礼を言い、玉乃さんが車から降りようとドアを開けた。そのとき、櫻井さんが続けた。

「今話したことなんですけど、この話には実は続編がありましてね。この先が酷かったんですよ——」

「え。何ですかそれ。今度絶対聞かせてくださいよ！　約束ですよ！」

クライアントの指定した時間まで、あと僅《わず》かしかない。

玉乃さんは櫻井さんの車のドアを閉めた。


「え。櫻井さん、ずっと出社していないんですか？」

確かにここ二、三日、姿が見えないなとは思っていた。

「そうなんだよ。全く連絡が取れないんだ。真面目な人だから、何かあったら真っ先に連絡を入れてくるはずなんだけど——玉乃さんを送っていった日があったじゃない。あの後会社に戻ってきて退社して、それから一度も出社してきてないんだよ」

課長は頭を抱えた。

それからも彼の無断欠勤は続いた。

人事課から実家に連絡を入れて、何か事情を知らないかと訊いたらしいが、櫻井さんの母親も連絡が取れなくなっており、現在捜索願を出しているのだと聞かされたらしい。

それから一年以上経っているが、櫻井さんは戻ってこないし未だ連絡もない。

「彼、何処行っちゃったんだろうね」

社内では今でも時々思い出したように話題になる。

「この先が酷かったんですよ——」

玉乃さんも、櫻井さんのその言葉を時々思い出す。

一体何が酷かったのか、もう訊くことはできないのだと、半ば諦めてもいる。

祟る土地

藤田さんという男性から、祟る土地はあるのだと聞かされた。

彼が以前住んでいた土地がそうなのだという。

事実彼はそこで奥さんと結婚して一年と経たずに死別している。

「怖い話かどうか分かりませんが、少なくともいい話ではないと思いますよ」

彼はそう前置きして話し始めた。


藤田さんと御両親は長年集合住宅に住んでいた。しかし、手狭になったことと、今後藤田さんも奥さんを貰うだろうということで、彼が二十代の終わりに二世帯住宅として売り出されていた一棟を買った。

引っ越して暮らし始めてみると、庭先から毎夜毎晩、金属同士を打ち鳴らすような音が聞こえることに気が付いた。一体何の音だろうかと思案していたが、どうやら包丁の刃を打ち鳴らしているような、薄い金属同士が擦れ合うような音だ。

何事かと庭に出てみるのだが、別段気に掛かるようなものがある訳ではない。しかし音だけが毎晩響く。

家族三人で〈変な音がする。近所で風鈴が鳴ってる音が風に乗って流れてきているのか〉と思っていたが、風が凪《な》いでいるときにも音は聞こえた。

気にしていると、どうも金属音だけではないと気が付いた。トタン屋根がばたついているような音まで聞こえてくる。

ただ殆どの音は生活音にかき消えて気にするというほどのものではなかった。慣れてしまったこともあり、三人は気にすることなく過ごしていた。


その地に住み始めて数年経った頃、藤田さんは近所に住む綾子さんという女性と恋仲になった。話はとんとん拍子に進み、ついに結婚することになった。

しかし綾子さんが嫁いできて二日目に、藤田さんのお母さんが、そいつの後ろに侍がいると騒ぎ出した。

嫁の後ろで恨めしそうにこちらを見ている。気持ちが悪い。あいつがいると家が絶えてしまうと繰り返す。

もちろん周囲の誰にも、そんな侍の姿など見えない。

綾子さんもショックを受けて寝込む有様である。

嫁いできていきなり義母に罵られるというのは尋常ではない。

藤田さんもお父さんもお母さんのことを嗜《たしな》めたが、容態はおかしくなる一方だった。奇声を上げ、見えていないものを過剰に恐れる。

家族でこれは何とかしないといけないと話し合っている途中で事件が起きた。

藤田さんと綾子さん夫婦が寝ている部屋にお母さんが押し入った。

その顔はまるで般若のように恐ろしげなものに変わっていた。

手には庭仕事に使う鎌が握られている。

「こんな夜更けに一体どうしたの」

そう訊ねても、まるで聞く耳は持っていないようだ。

「あんたの後ろの侍が怒っているから、うちの家が絶えてしまう！」

お母さんはそう叫ぶと、綾子さんにその鎌を投げつけた。

「何をするんだ！　危ないじゃないか！」

藤田さんが怒鳴ると、お母さんはその場で崩れ落ち、意識を失った。

それ以降、お母さんは毎晩刃物を持って夫婦の寝室を襲うようになった。

そのたびに侍が怒っているから家が絶えるだの何だのと、意味の分からないことを叫び散らす。

毎晩襲われることになった藤田さん夫婦は、部屋を変えてみたりと、様々に対処していたが、次第に疲労の色も濃くなってきた。

特に問題は奥さんの綾子さんだ。嫁いでくるなり義母が豹変してしまったのだ。何か自分に落ち度があったのだろうかと悩んでもいた。

お母さんの様子はますます酷くなる一方だ。

刃物の類は隠したが、そこからは皿やコップ、花瓶など、とにかく手当たり次第に綾子さんへ投げつける。

一緒に暮らすのも、そろそろ限界に思えた。


「お祓いに行こう」

お父さんが言い出した。彼はお母さんは正気に戻るはずだと藤田さんと綾子さんを説得し続けていた。藤田さんが精神科の病院に診てもらおうというのも、世間体が悪いからと頑なに拒んでいた。だが、ここにきて埒が明かないと理解したらしい。

近所の大きな神社に行ってお祓いを受けた。しかし何も変わらなかった。

藤田さんはお父さんを説得し、お母さんを精神科の病院に連れていった。

お母さんには統合失調症という診断名が付き、しばらくの間は入院することになった。

担当医のアドバイスを受けた結果、綾子さんの顔を見ると興奮するのならば、別居することもやむを得ないだろうという結論が出た。

そこでお母さんが入院している間に、藤田さん夫婦が家を出る準備をすることになった。


一方で綾子さんは、何故自分の背後に侍が見えるのかを気にしていた。

どうして急にそんなことになったのだろう。

そう考えた末に、自分の家系に何かあるのではないかと思い至った。

そもそも綾子さんの家系は昔からこの土地に暮らしてきた一族だった。今では見る影もないが、遠い昔の御先祖様はこの地域を束ねる庄屋である。実際実家の敷地の片隅には蔵があり、中には代々伝わる古文書も収められている。

そこで綾子さんと藤田さん、綾子さんの両親との四人で蔵を漁ることにした。

捜索には何日も掛かったが、関係ありそうな文書が見つかった。それは代々の敷地にあったはずの塚を祀るための手順を書いた文書だった。

綾子さんの父親によれば、今藤田さんの家が建っている辺りも、以前は綾子さんの家の土地だったらしい。そこを分筆して不動産屋に売ったのだという。

「あ、そうだ」

綾子さんが何か思い出したようだった。訊いてみると、近所に立て札が立っており、土地の由来が書いてあったはずだというのだ。

藤田さん夫婦で確認しに行ったところ、この地域には以前、戦に駆り出されて帰ってこられなかった人々を慰めるための塚があった。しかし、今は失われていて、具体的に何処がその塚のあった場所かも不明である――との文言が書かれていた。

「多分、お父さん達が土地を売っちゃったのがいけないんだよね。本当はうちでお祀りしなくちゃいけなかったのに、そんなことも全然知らなかったし。多分お義母さんが見てる私の後ろにいる侍って、明らかにその人達のことだよね――」

綾子さんは大変落ち込んでいるようだった。藤田さんはどうやって慰めようか思案したが、掛ける言葉を見つけることができなかった。

綾子さんの家に戻り、その見解を伝えると、やはり綾子さんの父親が不動産業者から頼まれて土地を売ったらしい。当然先祖がその土地を祀っていたということは知らなかったし、祖父も知らなかっただろうとのことだった。

ともかく文書に関しても菩提寺に相談してみないと分からないということで、足を運ぶことになった。

菩提寺の住職は難しい顔をした。

もしも塚を慰めるというのであれば、その土地に住む全ての住人に協力してもらう必要があるだろうという意見だった。だがそれは現実的に不可能だろう。戸建て以外にも一角にはマンションが建っているのだ。

そう伝えると、住職は渋い顔を隠さないまま、護摩を焚いて祈祷をするくらいしかできないと言った。

それでも何もしないよりはマシだろうと、祈祷を受けて帰った。


それから一週間ほど経った頃、藤田さんのお母さんのほうは、だんだんと正気に戻ってきた。もちろん見舞いには綾子さんは同行していない。

ある日、綾子さんを置いて見舞いに出かけていると、携帯に綾子さんのお母さんから連絡が入った。

綾子さんが心臓発作を起こし、病院で息を引き取ったという連絡だった。

病院に急行すると、綾子さんの両親が待っていた。

「俺が悪かった」

綾子さんの父親が頭を下げた。

「俺が先祖代々の土地を更地にして売ってしまったから、うちの娘は祟られて死んだんだろう」

藤田さんは言葉を返すことができなかった。

「これでうちは俺が末代だ――」

綾子さんは一人っ子だった。その発言に藤田さんは答えた。

「うちも僕が末代です――」


「それからすぐあちらの御両親も亡くなってね。僕の両親も、この土地には住みたくないって言うんで、家も土地も手放して引っ越しました。その場所にいたのは、実質二年にも満たない期間でした」

今はその土地に誰が住んでいるのかも知らないし、興味もないという。

良くない音

「あいつ痩せたなぁ」

中学校の同窓会で久しぶりに会った拓真は激痩せしていた。

それを指摘されるたびに、彼は笑顔を見せた。

「いや、元気だよ。凄い元気」

陽気な口調は以前と変わらないが、明らかに身体が薄くなっており、三十歳とまだ若いのに、ほうれい線の皺が目立って、とても不健康そうに見えた。

「あれって明らかにクスリやってる痩せ方でしょ。何か腕に包帯巻いてたし。関わらないほうがいいんじゃねえの」

口さがない同窓生が、こそこそとそんなことを言い合っている。

——確かにあれは普通ではない。

彼の背後の右側と左側に、それぞれ並んでいる奴らは、タチの悪いものだ。

だから、多分放っておくと、彼は死んでしまう。

昔から、美月にはそういう類のものが見える。見えるだけで祓える訳ではない。関わらないようにすることができるだけだ。道にタチの悪い人達がいるのを見かけたら、通る道を変える。それと同じくらいのことしかできない。だが、それができるとできないとでは、イザというときに取れる行動が違う。

拓真が自分の身内なら、何とかしたいと思う。だが、関わらないでいられるなら関わりたくはない。

タチが悪いものに好んで近づくことはしたくないのだ。

「佐久間、この後時間取れる？　できれば相談があるのだけど」

同窓会の後で、拓真が声を掛けてきた。

——早く帰ればよかった。

きっと、後ろを付いて歩いているお化けについて訊かれるのだろう。その二体は、顎を拓真の左右の肩に乗せるようにして、こちらの話を聞いているように思えた。

「何？　何の相談？」

「お前、昔からお化けが見えるって言ってたじゃんか。それ関係なんだけど」

美月はそのままやり過ごしたかったが、そういう訳にもいきそうになかった。

「話を聞くだけしかできないよ。お祓いとかできないし」

祓うことができる知人もいることはいるが、余り頼りたくはなかった。

変な噂が立たないように、同級生達とは別のルートを辿って二人でカラオケボックスに入る。幸い順番を待たずに部屋に案内された。

見れば見るほど拓真は骨と皮ばかりだ。肌もカサカサで生気がない。

「あのさ。正直に言っていい？」

拓真が頷く。

「タチの悪いのが憑いてる。このままだと半年」

「半年？」

「あんたが死ぬまで」

こんなことを言うと、タチの悪い冗談か、嫌がらせでもしているのかという反応をするのが普通だ。だが拓真は代わりに左腕の包帯を外してみせた。

彼の左腕は、確かに内出血で青黒く変色していた。

「薬やってないよね」

「やってない」

しかし、注射針を何度も刺さないと、こんな腕にはならない。

「注射器に心当たりは？」

そう訊ねると、彼は黙ってしまった。


半年くらい前に、今の部屋に引っ越してからおかしいのだと、彼は述懐した。

引っ越した初日に、畳に注射針が刺さっていたのだという。

「管理会社に言っても、何にも教えてくれなくてさ。それから時々金縛りに遭うようになった。今まで金縛りになんか遭ったこともないのに」

金縛りには予兆があるという。

部屋の外から、アスファルトに金属バットを引きずるような嫌な音が次第に近づいてくるのだ。

それが部屋の中に入ってくる。

ああしまった。今夜も入られてしまった。

そう考えた直後に身体が動かなくなる。

金縛りの最中は、いつも二人組の幽霊が現れる。片方が男で片方が女だ。男のほうはいつも白衣を着ているが、女のほうはよく分からない。もしかしたら服など着ていないのかもしれない。何故よく分からないかというと、半分煙のような感じだからだ。

その男のほうが注射器を抱えている。

「その注射器が、見たことないくらい大きいんだよ。女の人の腕くらいあるの」

男はその注射器の先に針をセットすると、女の幽霊にその針の先を刺す。

針を刺す箇所は毎回違うという。

「目とか、舌とか、歯茎とか、とにかく男が女の身体の何処かに注射針を刺して、ピストンを引っ張るんだよ。そんなの見たくないんだけど――」

女の身体が崩れながら、注射器の中に吸い込まれていく。

「それで、金縛りの間にその注射を打たれると、一週間くらい腹が減らないんだよね」

「――あのさぁ。食わないと本当に死ぬよ」

夢だとしても、嫌な感じの夢だ。

――こじらせてるなぁ。

美月は小さく溜め息を吐いた。

「それでさ。相談なんだけど――」

拓真は両手を合わせて拝むような姿勢で言った。

「一回うちの部屋に泊まりに来てくれないか」

「うーん――でも部屋じゃないんじゃないかな。今、そいつら、あんたの後ろにいるもん」

「俺の後ろ？」

「だから部屋じゃないよ。あんただよ。あんたに憑いてるんだよ」

引っ越してから外泊はしたことがあるかと訊ねると、したことがないという答えだった。

「一度ホテルとかに泊まってみて、それでも同じことが起きるんだったら、部屋というより、あんたに憑いてるんだから、お祓いとか行ってみたら？」

拓真はうんうんと何度も頷いて、参考になったと笑顔を見せた。

そして彼の訃報を聞いたのは、それから二週間ほど経った頃だった。


拓真の訃報以来、夜になると美月の住むマンションの廊下で、アスファルトを金属バットが引きずる音と、濁声《だみごえ》の〈あああああっ〉という声が混ざったような、〈良くない音〉が聞こえるようになった。

今夜も異音がしている。

彼が説明した話を聞く限りでは、それは金縛りの前兆だ。

来るのならば、自分のところに違いない。

美月はそう考えていた。だが、自分のところに幽霊は一度も来ていない。

音は外廊下を通過していくから、同じフロアだということは分かる。

誰のところに行っているのだろう。

もしかしたら、弱い人を選んでいるのかもしれない。

自分は〈強い〉のだと、祖母からも言われている。だから、いつだって自分は安全なのだ。しかし、〈強い〉からと、関わらないようにして〈弱い〉人を見殺しにすることは正しいのだろうか。

そんな気持ちもある。

「ほんと、関わらなきゃよかった――」

心の底からそう思っている。


日曜日の夕方、買い物から帰ると、マンションの前で、奥様達がいつものように井戸端会議をしているのが見えた。

会議の中心は常に隣室の松下さんで、彼女は近所の噂話を一手に引き受けているような噂好きだ。更に各方面に広めるというスピーカー役でもあるようだ。

毎日のように近隣のママ友さん達と井戸端会議をしている。

彼女には三人のお子さんがいて、全員男の子だ。それぞれ中学生、小学校高学年、小学校低学年だったはず――。
そのとき、松下さんの後ろに白衣を着た男性の姿が見えた。
背中側の右側には白衣。左側には煙のような女。
確かに見えた。
美月は井戸端会議の横を無言で通りながら会釈をする。
「――健康診断には行こうと思っているのよ」
そう松下さんが話しているのが聞こえた。それに混じって男性の声がした。
「俺は注射が打てれば何でもいいんだよ!」
振り返ってはいけない。
美月はエントランスを抜け、エレベータのボタンを連打した。
膝が震えていた。
松下さんが亡くなるまで、それから半年も掛からなかった。
最後はげっそりと痩せて、まるで別人だった。
その月のうちに、美月は会社に近いマンションに引っ越した。
今夜もアスファルトを金属バットが引きずる音が聞こえる。

それが聞こえたときには注意しなくてはいけない。
またすぐ近所で葬式が出る。
死人が出る前にまた引っ越さなくてはならない。
お祓いもお札も色々と手を尽くしてみたが、ダメだった。
実家に帰るのも怖い。
――部屋じゃないよ。あんただよ。あんたに憑いてるんだよ。
拓真に伝えた自分の言葉が時々頭に響く。
彼女は、逃げ続けながら、周りを巻き込まずに済む方法を今も探している。

踏んではいけない

「書いてもらってもいいが、場所も時期も封じ方も出す訳にはいかねぇな。特に封じ方は飯のタネだからな、とのことです――」

ある工務店に勤める田中さんは、そう前置きして、最近の案件について教えてくれた。

それは、とある地方に住む長崎さんという男性からの依頼だった。

「先生に、土地封じを依頼したいのです」

田中さんは、先生がお受けになるかは状況次第なので、自分からは即答できないことを伝えた。

先生は、設計事務所の設計士であると同時に、目に見えないモノやコトを操る達人なのだ。裏稼業のようなもので、大っぴらにそちらの仕事をしていると宣伝している訳ではない。さらに、自分が気に入ったり気になったりした仕事以外は引き受けないときている。

そう説明すると、長崎さんは、それに関しては大丈夫だろうと応えた。

「そもそも今回田中さんをお呼び立てしたのは、その土地が、その先生の筋とも繋がりがあるからなんですよ」

だから、先生も受けざるを得ないだろう、というのだ。

田中さんは少し思案した後で、その土地の状況を見せてほしいと伝えた。

写真を撮影する許可もお願いしたい。それらの材料を先生に渡して、それから判断してもらうという形で良いか。そのように条件を出す。

長崎さんはその条件で良いと答えたが、少し思案して続けた。

「ただ——写真は写るかどうか保証できません。それでも良いでしょうか」

田中さんは、その場合はそれで仕方ないでしょうと告げる。

「今からでも大丈夫ですか」

「特に問題はありません」

「それでは機材を車から持ってきます」

田中さんは、そう断って、営業車にミラーレス一眼レフカメラを取りに戻った。こんなこともあろうかと、充電済みのバッテリーも二本用意してある。たかが数枚の写真を撮影するだけの話だが、この手の案件では、バッテリーに不具合が起きることが多い。バックアップは必須である。

サブとして、私物と営業用のスマートフォン二台も持参する。そもそもシャッターが切れない場合だってあるのだ。弾数はいくらあってもいい。

「すぐ近くですから、歩いていきましょう」

長崎さんは、道すがら、その土地は元々彼の実家のあった場所なのだと説明した。

彼の一族が代々住んでいた場所なのだが、彼自身はそこから二区画ほど離れた場所に屋敷を構えている。

案内された敷地の外周は、大きな木々に覆われていた。

内周は高さ三メートルほどもあるコンクリートの壁が巡らされており、入り口では鉄扉が出迎えてくれた。

内外問わず監視カメラも設置されている。さらに、門柱にはセキュリティ会社のステッカーが貼られていた。侵入に対して厳重な警戒がなされているという警告が、目に見える形になっている。

田中さんは長崎さんの開けた鉄扉から敷地に足を踏み入れた。

踏み入れて驚いた。中は建物も何もない。更地なのだ。

案内を受けながらしばらく進むと、更地になっている土地の一角が、コンクリートで覆われていた。

田中さんが撮影のために近づこうとすると、長崎さんから声を掛けられた。

「そこ、踏んだらダメですよ」

振り返ると、彼はコンクリートのほうを指差していた。

「え、ダメって――」

「忠告の意味も込めて言っているんです」

どうやらそのコンクリートで囲われた辺りが、問題の〈封じ待ち〉の土地らしい。

落ち着いて周囲を見回すと、一辺が十メートルほどの正方形の土地がコンクリートで覆われていた。更にその中心の一メートル四方ほどの部分は、土が剥き出しになっている。

田中さんは、漢字の〈回〉の字を思い描いた。

「コンクリートに乗るのは構わないですけど、中心部分には余り近づかないほうがいいと思います」

だが、先生に現状を伝えるためには、きちんと写真を撮っておく必要がある。

注意深く中心部分に近づいていく。

段差の下には、確かに剥き出しになった土がある。雑草も生えていない。その土の上には、コンクリートの壁ギリギリのサイズの丸い輪が置かれていた。材質は鉄だろう。

長崎さんは、一歩も動かずに、その円の中には降りないようにと繰り返した。そこが最も危険とのことだった。

田中さんは、現在の状況を伝えるために、周辺を撮影して回った。

土地の現状を見るだけでも、謎に溢れているのが分かる。

そもそも〈ある場所を踏んではいけない〉こと自体が謎だ。

現在、この土地は長崎さんが相続をしたらしいが、それ自体も、彼より年上で、この土地の曰くを知る親族達が、全員相続を拒否したためらしい。

「僕が元々オカルトや怪異が好きだったから、押し付けられたんですよ」

彼は笑ったが、恐らくそれだけではないだろう。

多分、何か別のことを期待されていた——はずだ。

私有地ゆえに、許可を得なければ敷地に入ることは不可能だ。

わざわざ更地にした場所にセキュリティまで入れているのだから、大変な念の入れようだ。

一方で踏んではいけないという割には、蓋や柵で囲っている訳ではない。

つまり、ここはある意味では守られている訳だが、一体何から何を守っているのかが分からない。

田中さんは素直に聞いてみることにした。

「あの円の場所を含め、何から何を守っているのですか」

その言葉に少し考える素振りを見せた長崎さんだったが、「まぁいいでしょう」と呟いて、「この土地は、少しおかしくてね」と続けた。

「最初に話を聞いたのは、小学生の頃だったよ」

視線は遠くを見据えている。そこから感情は読み取れない。

「祖父や両親、親戚の大人達からも、そこには入るなとだけ言われていたんだ。あくまで諭すような言い方でね」

〈そこ〉とは、鉄の輪の内側のことだろう。

「つまり、周りに柵とかがなくて、万が一踏んでしまっても、仕方のないような状態だったということですか」

「そうだね、子供は好奇心の塊みたいなものだけど、それを敢えて咎めはしなかったよ。それは子供心に不思議だった。それは親戚の子供達、つまり従兄弟やらだね――それらの子供達全員に、同じような言い方で伝えていたよ」

長崎さんの言葉から、周囲の大人達が、子供の好奇心を刺激するように、敢えて伝えているということが読み取れた。きっと、子供であることに意味があるのだ。

「分け隔てなくですか、そこに何かある気がしますが」

　敢えて核心に触れずに、田中さんはそう指摘した。

「そうだったんだよね。あの輪っかはさ、うちの一族が繁栄するために大切なものだったのさ」

「神か魔物のような予感がしますが――いや、そんなことは。まさか――」

「多分御想像通りだよ、あれは贄を欲しがるのさ」

「つまり、一族の繁栄を齎《もたら》すには、犠牲が必要だと」

　長崎さんの表情に変化は見えなかった。

「そういう理屈だね。僕はここで生まれているから、ある程度のカラクリは知っていたけれど、親戚の子達は、大きな休みや法事のときには、必ずこの土地に連れて来られて、敷地内で遊ぶことを強要されていたんだよ。もちろん、本人達は気付かなかったみたいだが――。これも意味が分かると薄ら寒いよね」

　田中さんの背中に冷たいものが走る。

「子供達が遊んでいるうちに、何かの拍子で輪っかを見つけて踏み入れる――そんなシナリオが見えるんですが」

「それこそが大人の思惑だな。大人達も子供には、敢えて何も教えない。それが掟だからね。自分達も通ってきた道なんだ」

贄を用いて一族を繁栄させる——フィクションなどではよく聞く話だ。

だが、今の長崎さんの話は、それを行う一族が現代において実在していたという告白ではないか。田中さんは、恐怖と同時に、長崎さんの一族の正気を疑う気持ちが湧いた。

——それでは輪の中には何がいるというのか。

「運次第で生き残れるってことですか——。そこには、子供の血を欲する何かがいるということですね」

「僕の見解と同じところまで辿り着いたね。そろそろいいでしょう。それでは先生によろしくお伝えください。この土地の処遇は、先生の師匠にも一度お願いしたことがあるんですよ——」

戻る途中でも、長崎さんの話は続いた。恐らく、高揚しているのだろう。

「僕があの土地を継いだのはね、そろそろ終わりにしたいからなんですよ。こんな負の血の連鎖は終わらせなくちゃね」

「あの——長崎さんが子供の頃に大人だった方達はどうされているんですか」

長崎さんの一存でやってしまっていいことなのだろうか。

「もうまともに文句を言える奴らはいないんですよ。何の因果かね」

彼は嘲笑うような顔を見せた。

「生きているのは、僕から下の世代しかいない。そして、こんなところに遊びにくる子供なんて、今や一人だっていやしない——。だから終わらせないと」

そうか——。

田中さんは気が付いた。

長崎さんよりも上の世代が一人たりとて残っていない——そこに先生の師匠が関わっていたのだろう。


それからは田中さんは先生に連絡を取った。長崎さんからできれば日程を知らせてほしいと頼まれていたが、そのことを伝えると、先生は不機嫌そうな声を上げた。

「日程を出せって？　バカなこと言うなよ。これから各方面に根回ししないといけねぇんだ。こっちも安請け合いはできねぇよ。しっかりこってり準備しねぇとな。あぁ。金は掛かると言っとけ」

田中さんが想像していたよりもはるかに大変な仕事のようだ。

結局、準備には三週間近く掛かった。それを受けて、長崎さんにはそれなりの請求額を提示したが、彼は額面も見ずに快諾した。

「何とか片が付いたか――」

案件が終わった後に、先生はいつも通りニヤリと口の端を持ち上げてみせた。だが、その表情は長くは続かなかった。

「直接の原因かは知らねぇが、あの土地は、長崎んとこの小僧が言ってたように、オヤジの体調が悪くなる切っ掛けだったかもしんねぇな――」

オヤジとは、先生の師匠のことだ。

先生はその発言の後で黙ってしまい、車中でずっと怒ったような顔をしていた。

首斬りさん

〈首斬りさん〉とは付き合いが長いのだと、明日香は言った。

その名称は明日香だけが勝手に呼んでいるものだ。〈首斬りさん〉は、首から下だけの妖怪のようなものなのだという。

彼女が最初にそれを見たのは、まだ小学校にも上がる前の幼児の時代だ。母親のところにやってくるのを見たのだ。それが母親に対して為した所業に、生涯続く傷を受けたのだと、明日香は打ち明けた。


最初は、小学校に入学する年のまだ寒い季節のことだった。

ある夜、自分の部屋で寝られずにいた彼女は、母親の寝床まで行って、一緒の布団で寝ようと考えた。

だが、寝室には先客がいた。それも人間ではなかった。何故なら首から上がなかったからだ。

――首なしのお化けだ。

声が出そうになったが、明日香は我慢した。音を立てて気が付かれたら、何か悪いことが起きるかもしれない。そう思った彼女は、そのままじっと母親の部屋を覗き見ていた。

お化けは白装束を着ていた。体型からして女性だ。それが母親の横に正座して、寝顔を覗くような素振りをしていた。

頭部がないので、実際には覗き見ることはできないのだろうが、ただ、それはしばらくの間、じっと母の横に座っていた。

明日香は誰かに助けを求めたかったが、彼女の家は母子家庭で父親がいない。音を立てないように物陰から覗き込んでいると、首なしのお化けが横から何か巨大な包丁のようなものを取り出した。鉈だった。

お化けはそれを母親の首に当てた。

すとん。

音が聞こえそうなほどの鮮やかさで鉈が母親の首にめり込み、その頭部を切り離した。

明日香は目を丸くした。

お母さんが殺されてしまった！

あまりのショックに、どうしていいか分からなかった。立ち上がることもできない。腰が抜けてしまったのだ。

しかし、信じられないことは、まだまだ続いた。

お化けは、落とした首を持ち上げ、自分の両肩の間に載せた。

くいくいと位置を調整するような素振りを見せると、ぐるりぐるりと大きく首を回した。

母親の長い髪が顔に掛かる。それを手で払う。

目の前に、白装束を着た母親が座っている。

横の布団は盛り上がっている。そちらには、まだ温かい母親の身体があるはずだ。

白装束を着た母親が立ち上がり、布団を捲った。

そこには、パジャマを着た母親の、首から下が横たわっていた。白装束はその腕を掴み、ずるずると引きずって隣室へと運んでいった。

この隙に逃げないと！

明日香は自分の部屋に這い戻り、布団を被って朝まで震えた。


翌朝、母親は普通に起こしてくれた。

ぎこちなく接する娘に、不思議そうな顔で、昨晩何かあったのと訊いた。

保育園に送ってくれるときも、いつもと同じだった。

――やっぱりお母さんはお母さんだ。

そう思って、昨夜のことは夢だったのだと思うことにした。

ただその後、二人で一緒にお風呂に入ったときに、それは間違いだと気付かされた。

体型が違う。

毛の生え方が違う。

ホクロの位置が違う。

首から上は確かに母親なのだが、首から下はよく似た別人のものだ。やはりあの夜に、首から上を取られてしまったのだ——。

しかし、母親は優しく、娘に接する態度もいつも通りだった。

あれは夢の中のことだったし、違和感も自分の思い違い——。

明日香は何度もそう思い込むことにした。

すると、あれだけ感じていた違和感も、いつの間にか薄れていった。


あれは幼い頃に見た、ただの酷い悪夢——。

それが間違いだと気付いたのは、数年後の寒い冬の夜のことだった。

明日香はトイレに起き、その帰りに母親の寝ている部屋を覗き込んだ。

そこにはまた首から下だけの白装束の女が母親の横に正座していた。

――あのときの女だ。

首を斬っていた場面がフラッシュバックした。

お母さんは首を斬られて――。

着ているものを剥ぎ取られて――。

それからずっと一緒に過ごしていたのは、本当のお母さんなのかしら――。

頭がぐらぐらした。

ただ、目が離せない。

声が出せない。

息もできない緊張の中で、白装束は以前と同様に母親の首を落とし、自らの両肩の間に載せた。

――あの女は、〈首斬りさん〉なんだ。

何故かそんな呼称が頭の中をぐるぐると駆け回る。

母の頭を載せた〈首斬りさん〉は、座ったまま布団を見ていた。

母の身体が収まっているはずの布団は、中身が何も入っていないかのように、ぺしゃんこだった。

〈首斬りさん〉は、布団を捲り、中から母親のパジャマを取り出すと、自分の着ているものを脱いで、母親の下着を身に着け始めた。
どうやら〈首斬りさん〉の身体は、首を斬られると消えてしまうらしい。
これは夢なのだろうか。きっとそうに違いない。
夢だ。
全て忘れてしまえ——。
〈首斬りさん〉については、それ以上はよく分からない。
後日見た母親の身体には一箇所を除いて以前入れ替わった身体と同じ特徴があった。
その一箇所とは、左の脇腹の大きな傷跡だった。
過去にはそんな傷はなかった。
〈首斬りさん〉に入れ替えられた後にも、そんな傷跡はなかった。
でも、もしかしたら、自分の思い違いかもしれない。
明日香はそう思い込むことにした。
なぜなら、母親は普段通り接してくれたし、いつも通り優しかったからだ。
更にそれから数年が経ち、明日香は中学生になっていた。
ある夜、生理痛が酷くてなかなか眠れずにいると、母親の寝室からざわざわとした空気が伝わってきた。きっとまたあれだ。あれが来ている——。

〈首斬りさん〉だ。

彼女は母親の元に行くべきかを悩んだが、心配だったこともあり、確認のために覗きに行くことにした。

襖の影から覗き見ると、白装束を身に着けた三体の〈首斬りさん〉達が、その場に立っていた。

既に母親の首は斬り落とされている。

だが以前と違うのは、立ち上がった三体が母親の頭部を持ち上げて、奪い合っている点だった。誰がそれの所有者になるかで争っているようだ。

明日香はどうしたらいいのか分からず、物陰からただその光景をおろおろと見つめるばかりだった。

だが六本の腕の間を行き来する母親が、うっすらと目を開いた。彼女の口からは「やめて」と、か細い声が漏れた。

その声に明日香さんの身体が熱くなった。彼女は物陰から飛び出し、三体の怪物の前に立ちはだかった。

「お前らいつもいつも……！　んっ！」

さくり。ぽとん。

視界が反転し、重力に引かれて落ちていくのが分かった。

衝撃が頭部を揺らす。

——あ。私の身体。

その場で倒れ込む自分の身体が見えた。その身体には、首から上がなかった。

首に痛みはない。布団に落ちた衝撃だけだ。

だが、一体これは——？

頭の中が真っ白になって、何も考えられない。

両耳を圧迫され、急に視界が高くなった。横に白装束を身に着けた母親が立っているのが見えた。

まさか。

圧迫されていた両耳が開放された。

見下ろすと、白装束を身に着けていた。

自由に手が動く。身体に触れると、掌にも身体にも感覚があった。

まさか——！

急いで振り返ると、布団の横にうつ伏せに倒れている、首から下の身体があった。

まるで糸の切れた操り人形のようだ。

私の身体！

母親は無言のまま自分の布団を捲り、しわくちゃになったパジャマを引っ張り出している。

「お母さん――」

彼女は、その一言だけしか告げることができなかった。

口を開いた途端に、酷い眠気がきた。明日香はその夜については、それ以降の記憶がない。

翌朝起きたときには、自分のベッドに横になっていた。

だが、奇妙に感じる点が幾つかあった。まず、パジャマのボタンが掛け違っていた。これは記憶にある限り初めてのことだった。

そして、ナプキンをしていたはずなのに、経血がシーツを汚していた。


それからしばらくして母親が亡くなった。癌だった。

倒れてそのまま入院し、半年も保たなかった。

今際の際に、彼女は明日香に囁《ささや》いた。

「あのとき、首を取り返してくれて、助けてくれてありがとうね――」

明日香は耳を疑った。だが、確かにそう言われた。

母親は息を引き取り、担当医が呼ばれた。

あれだけ夢の中の出来事だと思い込もうとしていた〈首斬りさん〉は、実在するのだ。

現実のことだと、彼女はそう理解した。


「だから、あたしの身体は、人間のものじゃないんです」

健康診断などでも何も言われたことはない。怪我をすれば痛みだって感じる。

彼女の首から下は、自分で付けた傷だらけだという。

ピアスもタトゥーも山ほど入れている。

だが、普段肌が出るところには入れていない。

「何なら、これからホテルに行ってもいいですよ」

自分の身体ではないから、何をしても大丈夫なのだと彼女は言った。

「きっと、そのうちまた交換されちゃうんです。病気の身体になったら、お母さんと同じように病気で死ぬのかもしれませんけど」

あれから〈首斬りさん〉は彼女の元を一度も訪れていないという。

「でも、自分の身体が自分のものかどうかなんて、確かめなくたって分かるでしょう？」

自分の身体は自分のものではない。

その違和感だけがいつまでも消えない。

明日香は、一生こうやって過ごすつもりだし、何なら明日死んだって構わないと、投げやりな口調と何処か遠くを見ているような瞳を見せた後で、こう結んだ。

「でも私、虫歯一つもないんですよ。首から上は自分のものですから。大切にしてるんです」

神居古潭

ネットで自分の怪異体験を披露するといった活動をしている、リンスケさんから聞いた話である。

現在旭川在住の彼が、高校三年生の二学期に経験した話だという。

当時彼は北海道の赤平《あかびら》市に住んでいた。旭川の南西に当たる場所で、長閑《のどか》な町だ。

そこで幼稚園の頃から仲の良かった田辺君という友達と二人で、高校最後の思い出に何かやろうぜという話が出た。

彼とは、片道数時間掛けて自転車で留萌の海を目指してみたり、以前から度々方々に出向いていた。

その当時、二人は自転車で遠出することにハマっていたので、当然のようにサイクリングに行こうということになった。

「したっけ、何処行く?」

「普段そうそう行かないところに行きたいなぁ。それなら思い出になるし」

思案していると、田辺君が思いついたようで、悪戯っぽく目を輝かせた。

「そうだ。旭川行こうぜ！」

赤平市から旭川までは六十キロメートル近い道のりで、国道を通っていけば迷うことはないが、片道四時間近くは掛かるだろう。

当日はリンスケさんの実家に朝四時に集合した。

まずはルートの確認だ。赤平からは国道三十八号線を通って滝川市に出る。途中で国道十二号線へ折れれば深川市を経由して旭川まで迷わず行くことができる。

だが、当時国道には歩道がなく、自転車で走るには交通量も多くて危険だった。

「神居古潭が問題だよな。国道とはいえ道も狭くなるし、長いトンネルもあるし。どうしようか」

「神居古潭の手前からはサイクリングロードに行けばいいよ。それなら安全に旭川まで行けるだろ」

田辺君の提案は、旧鉄道サイクリングコースを通っていくというものだった。

リンスケさんは田辺君の提案に乗ることにした。

季節は十月。暗い時間から自転車を漕ぎ始め、旭川に到着したのは朝の八時を過ぎた頃合いだった。達成感を味わいながら、まずは食事を摂ることにした。

旭川駅前には買い物公園通りという、日本初という常設歩行者専用道路がある。つまり年中歩行者天国の商店街だ。

駐輪場に自転車を置き、ファストフードに寄って朝食を食べる。流石に疲労感がある。

「そうだ。どうせだったらよ。お前が行こうとしている大学まで足を延ばさないか」

体力が余っているのか、田辺君がそんなことを言い出した。

大学のキャンパスは旭川の駅前から車で二十分は掛かる。自転車だと倍ほどの時間が掛かるだろう。

「ちょっと遠くてダメじゃないか」

「地図見てみろよ」

「やっぱり距離あるよ。十キロ以上ある。えーと、往復して二時間だぜ」

それでも、せっかく来たんだから行こうという田辺君の誘いに、昼食を食べてから北上した。だが、やはり疲労もあってか足が進まない。気が付いたら時刻も午後三時近くになっている。帰るのに同じだけ時間が掛かるとすると、帰宅するのは夜七時を過ぎるだろう。

「このままだと、家に帰る頃には真っ暗だぜ」

「なら仕方ないかぁ」

田辺君も引き返すことに賛成してくれた。秋の日は傾くのが早い。そのまま旭川を通過し、来たときと同じルートでサイクリングロードを南下していく。

石狩川沿いを走る旧鉄道サイクリングコースには、途中、トンネルが四箇所ある。旧函館本線神居古潭トンネル群と呼ばれているが、どれも長いトンネルではない。

その三つ目のトンネルに入ったときに、急にペダルが重くなった。

パンクでもしたのではないだろうかとタイヤを見てみるが、タイヤの空気圧自体は全く問題ない。

——これは何だろう。

田辺君は先に行ってしまっている。

喩《たと》えるなら、自転車の荷台を誰かに引っ張られているような状態だ。

「おーい。田辺ぇ！　ちょっと待ってくれよー！」

大声を出して、必死にペダルを漕ぐ。そのとき、荷台に誰かがぐっと乗ってきたような感覚があった。後ろを振り返っても当然ながら誰もいない。

気のせいにしたとしても、これはおかしい。

とにかく早くトンネルを出よう。

力一杯ペダルを回していると、トンネルの出口辺りで急にペダルが軽くなった。

トンネルを出た先で、田辺君が待っていてくれた。

「リンスケ遅いよ」

「ごめんごめん。急にペダルが重くなってさ。何か引っかかってたのかな」

「そっか。ところでリンスケ、お前懐中電灯持ってたんだ」

田辺君は不思議そうな顔をして訊ねてきた。

「いや、自転車のライトしかないよ」

「いやいやいや。リンスケこうやって肩に掲げるようにして懐中電灯を持って走ってなかった?」

田辺君には、リンスケさんが片手に懐中電灯を持って自転車を走らせているように見えたらしい。

「懐中電灯なんて持ってないって」

その返答に田辺君は首を傾げた。

「まぁいいや。帰ろうか」

確かサイクリングロードは、そこから先にもう一つトンネルがあるはずだ。

「ちょっと、神居古潭から国道側に出てもいい?」

「いや、別にいいけど、どうしたの？」

「さっきトンネルの中で変な感じしたから、何か怖いんだよね」

二人は神居古潭の旧駅舎側から自転車を押しつつ神居大橋を渡って国道に出た。

そこからは国道十二号線を辿り、更に滝川から国道三十八号線で自宅にまで戻った。

なお、令和五年一月現在、リンスケさんが体験したトンネルを含む旭川サイクリングロード旧鉄道サイクリングコース（神居古潭〜伊納駅）は、土砂崩れのために通行止めとなっている。

*

リンスケさんは無事高校を卒業し、旭川の大学に通うようになった。自宅からは通えないので、大学近くのオンボロの下宿に部屋を借りて、そこから登下校していた。

あるとき、大学の学生食堂で寛いでいると友人達がやってきた。

「おお、リンスケいたんだ。飯でも食おうぜ」

「確かにそろそろ腹減ってきたな」

食事を摂りながら雑談をしていると、隆史という友人が思いついたように提案した。

「なぁなぁ、今日また夜行かない？」

「え、何処行くのよ？」

「スリラーツアー行こうぜ。スリラーツアー」

当時、まだ心霊スポットという呼称は存在しなかった。要は肝試しに行こうというのだ。大体暇を持て余した大学生が車を手に入れて行く場所など、相場が決まっている。

「今夜は神居古潭にしようぜ」

——神居古潭か。

リンスケさんの脳裏には半年と少し前のトンネルでの体験が頭に浮かんだ。

あそこは行きたくないなと思っていると、隆史がリンスケも行こうぜと誘ってきた。

「いや、俺怖いの苦手なんだよ。だから行かないよ」

そのときは話をはぐらかして下宿に帰った。


その夜、夕食の後でテレビを見ていると、外でエンジン音と車のドアが開く音がした。

「おい、リンスケぇ。行くぞぉ」

声を掛けてきたのは隆史だった。

「先輩も呼んじゃったからな。ほら行くぞぉ」

下宿の上階に住む先輩も降りてきた。

「何だリンスケ、お前行かないのか？」

当然行くはずだよなという口調だった。

この先輩は、リンスケさんの所属するサークルの先輩でもある。今後のことを考えると、逆らうに逆らえない。

「分かりました。行きますよ」

「そんじゃ、リンスケは後ろの車な」

「俺、現地では車から降りないですからね」

リンスケさんはそう主張したが、その言葉は誰も聞いていないようだった。

車二台に分乗し、国道十二号線を南下して神居古潭に向かう。

現地の駐車場は広くないが、数台は駐められる。どうやら先客はいないようだった。

一行は懐中電灯片手に車から降りた。

「俺はここにいるから」

リンスケさんは先ほどの主張を繰り返した。

「お前つまんねぇ奴だなぁ」

「いいよいいよ。車で待ってろよ」

皆リンスケさんを置いて、石狩川に架かる橋に向かっていく。

しかし、暗闇の中で一人取り残されるとなると逆に怖くなってきた。

駐車場には誰もおらず、鍵を持っていかれてしまっているので、ラジオも掛けられない。

周囲は音もなく、ただ真っ暗だ。

——これなら一緒に行ったほうがマシだったか。

リンスケさんは車を降りて、彼らの後を追った。

今から考えると、これが大きな間違いだった。


リンスケさんは小走りで一行に追いついた。

「あ、やっぱりリンスケ来た」

「ほらなぁ。言った通りだろぉ」

隆史が笑った。

目的地は既に廃線になっている国鉄函館本線の神居古潭駅の旧駅舎の奥にあるトンネルだという。

旧駅舎の側に渡るには、神居橋という橋を使わないといけない。以前、田辺君と自転車を押して渡った橋だ。

「それじゃ渡っていこうかぁ」

隆史がそう言って足を踏み出した。

対岸の先にある駅舎を見ると、駅名が書かれた板の上に、懐中電灯のような灯りが、ふわっふわっと左右に動いていた。

「あれー。何あの光」

「先客が来ちゃってるんじゃないの?」

「つまんねぇなぁ。俺らだけじゃねぇんだ」

「まぁ、いいんじゃねえの? 行こうよ行こう」

そんなことを話しながら、がやがやと橋を渡っていく。

当時の神居古潭には、橋を渡ったすぐ先に電話ボックスがあった。その脇を通り過ぎようとしたときに、中に人がいるのが見えた。

「やっぱ先客いたよ」

「こんなに一杯人がいるのかよ。つまんねぇな」

先行する友人達は、そんなことを言いながら通過していくが、リンスケさんにはどうにも違和感があった。

彼は電話ボックスの中にいる人の姿を確認しようとした。

中の人は男性のようだ。しかもやたらと背が高い。電話ボックスの天井スレスレの位置に頭部がある。

でかい人だな――。

視線を電話ボックスに向けながら、仲間から遅れないように歩いていくと、不意に中の人の身体を通してボックスの向こうが透けて見えた。

――あ。これ見たらダメな奴だ。

すぐさま隣を歩いている友人に言おうとしたが、変にパニックになったらそれも嫌だ。

ずっと胸騒ぎはしていたが、リンスケさんはそのまま黙って通り過ぎた。


橋を通り過ぎ、緩い階段を上っていく。旧神居古潭駅の駅舎を越えて左に曲がると、SL二台が動態保存されている。更にそこを通り過ぎた先の札幌側に、狭いトンネルがある。ここもサイクリングロードの一部だ。かつてリンスケさんが帰り道に避けたトンネルでもある。

白いコンクリートで作られ、蹄鉄《ていてつ》型の口を開けたトンネルは、当時から〈出る〉と評判の有名な場所だった。

「それじゃトンネルに入ろうか」

狭いトンネルを徒歩で抜けていくのが、今回の肝試しのクライマックスだ。

入り口から覗いても、トンネルは緩やかにカーブを描いていて出口が見えない。

「誰が先頭で歩くか。じゃんけんで決めよう」

先輩の言葉には逆らえない。全員でじゃんけんをするとリンスケさんが負けた。

「俺先頭ですか」

「情けない声出すなよ。大丈夫だよ。皆後ろにいるしさ」

覚悟を決めてトンネルに入ると、仲間がぞろぞろと付いてくる。足音がうわんうわんと反響して耳が痛い。

ちょうどトンネルの中間ぐらいまできたときに、風が向こうからすぅっと流れてきた。

また少しすると風が来る。

列の後ろのほうから、女の声が聞こえなかったか？　という声が上がった。

この手の冗談は、お調子者がよくやるのだ。今回もそうだろう。

「風がそういうふうに聞こえてるんだよ」

「そうかもなぁ」

すぐ後ろを歩く友人が同意した。

出口に向かって歩いていくと、何度も風がすうっと流れてくる。

——あれ。

リンスケさんは出口のほうに視線を向け、感じる違和感にどう説明を付けようかと色々と考えてみた。しかしどうにも説明が付かない。それならばとすぐ後ろを付いてきている仲間に声を掛けてみた。

「風、おかしいと思わねぇ？」

「ん？」

「向こうに出口見えるじゃん。したっけ、周りの草揺れてないじゃない」

出口は月明かりでうっすらと明るい。そこに見える草の影は微動だにしていない。

「確かに、さっきから結構強い風が吹いてくるよなぁ」

「なぁ。後ろの奴らがさっきから言ってるの、もしかしたら嘘じゃないかもしれないぞ」

「リンスケ、お前ふざけんなよ」

そう言われた直後、また風が吹いた。

その風には、女性がハモっているような「うわぁぁぁ」という音が混じっていた。

「声聞こえた、声！」

後ろのほうで逃げ出した足音がした。その音がトンネルに反響する。

リンスケさんはトンネルの中で立ち竦んでしまった。

「今の声、何？」

振り返ると、もう誰もいない。リンスケさんを残して皆トンネルから逃げてしまったのだ。慌てて皆の背中を追う。トンネルを抜けたところで、皆が騒いでいた。

「あれ声だよな。一体何だったんだよ」

「俺には聞こえなかったけど、女の声なんだろ？」

「おい、リンスケ、お前幽霊見たか？」

「俺には見えなかったけど――」

「いや、本当に見えたらヤバいっしょ」

しばらくそうしていると、一行の興奮も次第に冷めてきた。

「そんじゃ、そろそろ帰ろうか」

ちょっと怖いことが起きたのは良かった。そんなことを言いながらＳＬの前まで戻ってきた。

「あれ？　中に人いるよね」

隆史が不思議そうに声を上げた。

旧駅舎が目の前にある。その中を黒い人影が歩いているのだ。

「あん中でタバコ吸えるんじゃない？」

「あ、俺もタバコ吸いたい」

皆で駅舎のほうへと移動する。

隆史が駅舎の入り口を開けようとするが、何やらもたもたしている。

「何やってんだよ。早く入れよ」

先輩が後ろから野次った。

「何か、ドアがねぇ、開かないんですよ」

力任せに開けようとしているところを覗き込むと、南京錠が掛かっていた。

「あれ？　鍵掛かってるじゃない」

「中に人いるの見えたよなぁ」

「管理人さんか何か？」

もし、そんな人がいたとしたら、肝試しで奇声を上げている一行は、追い出されてしまうはずだ。管理人がいるという話を聞いたこともない。

一行は首を傾げつつ、駐車場へと戻ることにした。

来るときは上ってきた階段を今度は橋に向かって下っていく。

そのとき、リンスケさんは立ち止まった。背後からの視線を感じたのだ。

振り返ると、駅舎のこちら側の角に、女性が一人でしゃがんでいる。女性は白っぽいワンピースを着ている。

「なぁ。あれあれ」

近くの仲間に声を掛けると、二人が立ち止まった。揃ってリンスケさんの指差すほうに視線を向ける。

「おいおい。何だよ。女の子が座ってんじゃん」

「あー。本当だ。でも、女の子がどうしてこんな時間にここにいるのよ」

「あれじゃない？　先客の連れじゃないの？」

だが、そこでリンスケさんを含む三人は気が付いた。そもそも駐車場には車がなかったし、今まで他のグループとも顔を合わせていない。

「連れだとしても、どうして女の子一人置いていくのよ」

「いいよ、もう帰ろうよ。ちょっと怖いしさ」

その言葉に三人は沈黙した。その沈黙を破ったのは先輩だった。

「そうだね。変に声掛けたりしたら面倒なことになりそうだしな」

踵を返し、先行する一行に追いつこうと速度を上げる。橋に近づいていくと、先行していた仲間達が、皆こちらを向いて、何か不思議なものを見ているような顔をしていた。

リンスケさんはそこに異様な雰囲気を感じて立ち止まった。

「お前ら何やってんだよ」

声を掛けると、一行の視線が、揃ってリンスケさんの膝下に注がれた。

幾人かがジェスチャーで、指を下に向けた。

「え。何?」

リンスケさんが下を向くと、白っぽい服を着た女子大生ほどの年齢の女性が、足元にしゃがんでこちらの顔を見上げていた。

にっこりと笑っている。

先ほどの駅舎の前に座っていた女性に間違いない。

「出た!」

誰かが大声を上げた。それが合図になったかのように、全員が大声を上げて逃げ出した。

「これは出た」

「出た出た出た出た!」

リンスケさんが最後尾だが、その前をいつも靴の後ろを踏み潰して、サンダルのようにしている友人が走っている。しかし、彼は逃げる途中に橋の上で転倒して、靴を飛ばしてしまった。

「何転んでんだよ！　早く来いやぁ！」

そう野次られても、全身を打ったらしく、なかなか起き上がらない。

リンスケさんは放っておく訳にもいかないと、橋を戻っていき、彼に手を貸した。

「痛ってぇ」

見れば掌の皮がずる剥けになっている。これは痛そうだ。

「早く行こうぜ。帰ったらちゃんと消毒しないとヤバいよ」

友人が立ち上がると、周囲が霧に包まれていた。

「急にガスが出てきたな」

「え。これ、何かおかしくねぇ？」

友人が戸惑っている。

「何がよ？」

「いやいや、リンスケ、霧って、この橋の一箇所にだけ出るのってあり得る訳？」

確かに言われて周りを見てみると、橋の周囲にだけ霧が掛かっている。岸のほうは霧などない。

「おかしいだろ」

「これはおかしいよなぁ。こんなの初めて見たよ」

そう言いながら二人で戸惑っていると、橋の上を漂う霧が、次第にぼんやり光る球形の繭《まゆ》のような形になった。

橋を渡るには、その球状の霧を越えていかなくてはならない。

そのとき、さぁっと風が吹き、その繭状の霧の中から、先ほどの女性が姿を現した。

細身で髪の毛が肩口くらいまであり、白地に小さい青い花を散らしたような柄のワンピース姿——。

はっきりと見える。

——これは完璧ダメだわ。

対岸から声が掛けられた。全員見えているらしい。

「行くぞ！　お前等行くぞ！」

「急げリンスケ！　早く来い！」

その声で我に返った。駐車場まで走り、エンジンの掛かった車の後部座席に飛び乗った。

タイヤを軋ませて駐車場から国道に出る。二台の車を連ねて旭川市内に向かった。

車を出して一分としないうちに、ラジオのノイズのようなものが車内に響き始めた。

「あれ、ラジオ入り悪いね」

「いや、んー？」

運転手をしている隆史の歯切れが悪い。

「俺、ラジオ点けてないんだよね――」

すると、その発言に被るようにして、先ほどトンネルの中で風の音とともに聞こえてきた、女性がハモるような「うわぁぁぁ」という声が車内を満たした。

「――私のピアスを返して」

次にラジオから聞こえてきたのは女性の声だった。それはリンスケさんの耳にもはっきりと聞こえた。

「え、何これ。ピアスって何？」

隣の仲間は、ぎゅっと目を瞑って、恐怖に耐えている。

「今の聞こえた？」

「聞こえた！」

ハンドルを握る隆史の手が震えている。

「何だピアス返せって。あ、前の車止まるぞ」

助手席の先輩が指差した。目の前で先行する車が路肩に停まった。ドアが開き、運転手が飛び出してきた。

パワーウィンドウを下げると、駆け寄ってきた青い顔の運転手が叫んだ。

「お前らの車でも、今、何か聞こえなかったか？」

「何か私のピアス返してって聞こえた」

「それ！　それそれそれ！」

「お前らのとこでも聞こえたのか！　それならラジオだろ？」

先輩が口を挟んだ。それに対して運転手が声を荒らげた。

「ラジオなんて点けてねえっスよ。勝手に聞こえたんスよ！」

「したっけ、ピアス返せって言われても、そんなの持ってきてねぇよ。何処にあるのよ」

「分かんねぇよ」

皆で車を降りて、座席にピアスが落ちていないか探してみたりもしたが、少なくともリンスケさんが乗っていた車には、該当する物はなさそうだった。

次は前に停まっている車の確認だ。

そちらの後部座席には、ムネオという仲間が寝ていた。

ムネオは最初に橋を越えたところまでは同行していたが、バイト帰りで眠気に耐えられず、途中で車に戻って寝ていたのだ。

「おい、ムネオ、おい」

「ん？　何だよこれ」

声を掛けられたムネオは、目を覚まし、掛かっていた毛布を持ち上げた。

「びっしょびしょじゃねぇかよ。何だよこれよぉ。悪戯にしてもひでぇだろこれ」

だが、何処にも濡れるような要素はない。誰も飲み物も持っていないし、臭いもしない。ただの水だ。

「何か、ゴミ袋とか持ってねえ？　酷いよこれ」

運転手がトランクからゴミ袋を取り出した。

ムネオは車から降りようとした。そのとき、何かが引っかかったらしい。

「痛ててて。何だよこれ」

彼の尻の下に、何かあるようだ。

「何だこれ。誰だよこんなところに置いたのはよぅ」

情けない声を上げながらムネオが摘まんで持ち上げたのは、小指の先ほどの大きさのピアスだった。

ムネオ以外の全員が顔を見合わせた。

「私のピアスを返してって、これのこと？」

「いや、分かんねぇよ」

「でも、これしかないよな」

全員が黙ってしまった。きょとんとしているのはムネオだけだ。

「おいおい。返せってことはもう一回神居古潭まで来いってことかぁ？」

「やだよ」

「したっけ、返さないとまずいだろ」

運転手をしている二人は嫌がったが、先輩が〈もし返さないでいて、もっと悪いことが起きたらどうするんだ〉と脅かした。それで覚悟が決まったようだった。

その場で車をUターンさせて、再び国道を神居古潭に向けて走っていく。

その車中、もうラジオの音はしなかった。


「で、誰が返しに行くよ」

ピアス片手に先輩が訊いた。

「そんじゃ、じゃんけんして決めるべ」

隆史がそう言って、全員参加のじゃんけんが始まった。

ただ、勝負はすぐに決まった。全員パーを出し、一人リンスケさんだけがグーを出した。

「決まり。リンスケ行ってこいな」

無言のままピアスを受け取り、駐車場から橋の前まで移動する。

何処まで返しに行けばいいのだろう。

まさか旧駅舎か？　トンネルじゃないよな。

橋はすぐ目の前にあるのに、足が竦んで渡れない。

「おい、リンスケ何やってんだよ。さっさとしろよ！」

仲間の一人が後ろから駆けてきて、手にしていたピアスを奪った。

そして、大きく振りかぶると、それを橋に向かって放り投げた。

「返してやるよ、ほぅらよ！」

一体何処に向かって飛んでいったのか、全く分からない。

リンスケさんは呆然としたが、彼に促されて駐車場まで戻った。

「ちゃんと返してきたのか？」

「えっと――」

「リンスケがもたもたしてるから、俺が橋のほうに投げてきた」

その言葉に、一同ざわめき立った。

それはまずいのではないかという意見が多かったが、今更どうすることもできない。

当の本人はヘラヘラと笑って、大丈夫大丈夫と繰り返した。

「いいから帰ろうぜ。夜が明けちまうよ」

「あれ絶対ヤバいって」

「でもどうにもできないからなぁ」

一行は車に戻り、旭川まで帰った。


車で下宿まで送ってもらい、リンスケさんはすぐにベッドに入った。

明日も午前中から授業があるのだ。早く寝なくてはいけない。

だが、興奮しているのか寝付けなかった。それだけではない。何か分からないがどうしようもなく怖いのだ。

このままでは徹夜で授業に行くことになる。それは避けたかった。

無理してでも寝なくてはダメだと、頭から布団を被る。

それからどれくらい経っただろうか。

かちゃりとノブの回る音がした。軋みながらドアが開く音が続く。

――誰だ。

布団から覗くと、部屋のドアが握り拳ほどの隙間ほど開いていた。

だが、元々リンスケさんの部屋の戸は、開けたときに途中で止まることはない。築半世紀のボロ物件なので、ちょっと開けるだけで全開になるのだ。

だから、少しだけ隙間が開いていることに違和感を覚えた。

リンスケさんは布団の中で、部屋に戻ってからの行動を思い返した。

ちゃんと鍵は閉めたはずだ。

そうなると、鍵が壊れてしまったのだろうか。

ベッドから起きて、ドアを閉めに行く。

今度は確実に鍵を掛ける。これで大丈夫だ。

ベッドに入って寝直そう。まだ数時間は寝られる。

だが、横になって目を閉じた直後に、ドアのほうからガチャガチャという金属音が響いた。その直後、軋む音を立ててドアが開いた。

おかしい。鍵が閉まっているのだから、開くことはないはずだ。

それとも——本当に鍵が壊れてしまったのだろうか。

昨晩のことを思い出さないようにしながら、彼は再度ドアを閉めてベッドに戻った。

——誰の寝息だろう。

リンスケさんは、自分の隣に誰かが寝ている気配を感じていた。だが、眠くて起きるまでには至っていない。

横目で見ると、女が寝ているようだ。

——女だ。

ああ、そうか。彼女が来て、横に寝てるんだ。

——いや、違うよな?

強くなっていく違和感。

彼はベッドの端、手前側ギリギリの場所に寝るという癖がある。

落ちるか落ちないかという端っこが彼の定位置なのだ。

すると、ここで寝ている女は、その端っこよりも更にベッドの手前側に寝ていることになる。つまり、空中に浮いているということになる——。

一気に覚醒度合いが高まる。

あと、この顔の冷たさは何だ。

リンスケさんが目を開くと、半透明の女の手が、自分のおでこに掛かるようにして伸びており、それがまるで氷のように冷たいのだ。

——彼女じゃない。

神居古潭で自分を下から見上げていた女の顔が脳裏にフラッシュバックする。

まさか、連れ帰ってしまったのだろうか。

怖くて女の顔を確認できない。

リンスケさんの記憶はそこで途切れている。

次に気が付くと登校する時間ギリギリだった。


午前中の授業が終わって学食に行くと、昨晩神居古潭に行った全員が集まっていた。

皆、寝不足なのか、酷い顔をしている。

「おはよ」

「ああ。おはよ。なぁリンスケさぁ、昨日帰ってから、変なことなかった？」

「変なことか。寝てたらさぁ。隣に女が寝ててさぁ。すげぇ怖かった」

「お前のところは女が出たのかー。俺の部屋もさ、寝てたら誰かの寝息がどっかから聞こえてきてさ。それが気になったのと怖かったのとで。寝られなかったんだよ」

「あ、先輩はどうでした？」

自分と同じ下宿に住む先輩も、やはり同様の体験をしたという。寝ていると、壁の奥から誰かの寝息が聞こえて、気持ち悪くて眠れなかったというのだ。

どうやら全員が、部屋に戻って寝ようとしたときに、自分のものではない寝息を聞いているらしかった。しかし、女の姿を見たと報告したのは、リンスケさん一人だった。

夏休みに入るときに、父親が荷物が重かろうと赤平から車で迎えにきてくれた。

そのとき、弟が一緒に付いてきた。

父親が下宿のおばさんに挨拶をしている間、部屋にはリンスケさんと弟の二人が残された。

「暑いからコーラか何か飲む？」

「飲む飲む。サンキュー」

ちょっと取ってくるよと言って、リンスケさんは二階にある共用冷蔵庫に向かった。

ついでに洗い場に置いたままになっていたコップも洗って自室に戻る。

すると、弟が妙にニヤニヤしている。

「兄ちゃん、この下宿って、女の人出入り自由なんだね」

ああ、そういうことか。

「誰でも出入り自由だよ。先輩達も遊びにくるし」

「ふうん。今さ、ハイヒール履いた人が二階に上がっていったんだけど、その女の人に会った？」

どうも弟が言うことには、リンスケさんがコーラを取りに行ったときに、点けっぱなしになっているテレビを見ていたらしい。そのときに玄関からカツカツっという硬質な音がしたので、開きっぱなしのドアの隙間から廊下に視線を向けた。すると、ハイヒールを脱いだ女性の足が、階段を上がっていくのが見えたという。

「いや？　階段の上すぐのところが洗い場だから、二階に上ってきたらすぐ分かるけど、女の人は来なかったなぁ」

「えー。またまたぁ」

コップを洗っていたけれども、そんな女には会っていない。

弟は家に帰るまでの間、ずっと納得できないような顔だった。


次に変なことが起きたのは、その年の秋の話になる。

仲間内で宅飲みをしようという話になり、リンスケさんの部屋に友達が集まったことがあった。そのうちの一人が、ドアの脇にもたれかかるようにして座っていた。

「そこに座ってると、幽霊出るぞ」

リンスケさんが冗談を言うと、友人は鼻で笑った。

「そんなの出るわけねえじゃん」

その直後、ドアがノックされた。

「誰か遊びに来たんだろ。開けてやれ開けてやれ」

「はいよ」

友人が、扉を開いた。だが誰もいない。

「今さぁ、皆んなノック聞こえたよね」

不安そうな声を上げる。

その後何度も、ノックされるたびにドアを開けるが、やはり誰もいない。

「タチの悪い悪戯か?」

「それにしてもおかしいべ」

友人は立ち上がり、ノックを待ち構えた。

予想通りノックの音が聞こえた。その瞬間にドアを開ける。

「誰やー!」

そこには誰もいなかった。皆で顔を見合わせる。

部屋主のリンスケさんとしても、気持ちが悪いことこの上ない。

飲み会も夜半過ぎになると、一人帰り、二人帰りして、最後に部屋主のリンスケさんと、ドアの横に座っていた友人が残った。そういえば彼だけが別のアパート住まいだ。

「なぁ、帰るの面倒なら、今夜は泊まってっていいぞ。布団も余ってるし」

「おお、サンキュー。さっきから変なことが続いてたから、帰るの気持ち悪くてなぁ」

次の日の朝になり、リンスケさんは、部屋のドアを全開にしたまま二階の洗面所に足を運んだ。友人には一言、顔を洗ってくると伝えただけだ。

顔を洗っていると、階下から友人の叫び声が聞こえた。

「何があった。大丈夫か！」

慌てて駆け下りていくと、ドアの脇の壁にもたれかかってテレビを見ていたはずの友人が、ベッドの上で体育座りで震えている。

彼はリンスケさんの顔を見て、不安そうに言った。

「――今ノックされたわぁ」

彼は、開いているドアを裏側からノックされ、それに驚いて飛び退いたのだ。

リンスケさんの記憶にある大学時代の経験は、この二つだった。

だが、後年街中で大学時代の後輩とばったり出会った際に、当時のリンスケさんについて、後輩から聞かされたことがあるという。

二人で大学時代の思い出話をしていると、急に後輩が真面目な顔をした。

「――ちょっと先輩、訊いていいですか。先輩、学生時代の彼女さんと、まだ一緒にいるんですか?」

確かにプライベートな話になる。

「いや、大学卒業した後に別れちゃったから、一緒にはいないけど。どういうこと?」

そう返すと、後輩は手を左右に振った。

「いやいやいや、同じサークルのあの人じゃないですよ。もう一人いたじゃないですか。あの人は今どうしてるんですか?」

そう言われても、リンスケさんには覚えがない。

「みんなで言ってたんですよ。先輩が一緒に連れて歩いている彼女って変だよねって」

「――変? 変って何よ」

とにかくリンスケさんには心当たりがない。

「変なんですよ。春も秋も冬も同じ格好してるんです。ここ北海道じゃないですか。季節に関係なく同じ格好って、ちょっとおかしくありません?」

「もうちょっと詳しく思い出せる?」

「いや、細かい部分まではよく覚えてないですけど、白に青い模様の入ったワンピース着てるんですよ」

――まさか。

その言葉を飲み込み、リンスケさんは昔から気になっていたことを後輩に訊ねた。

「――そういえばお前らさ。一教科だけ同じ講義受けてたじゃん。あるときからお前ら来なくなったよね。あれ何だったの？　何か俺悪いことしちゃった？　何か遠巻きにされたから、嫌われたんじゃないかって思ってたんだよ」

「違いますよ。彼女と一緒にいるのに、行ける訳ないじゃないですか。そのワンピースの彼女がずっと横にいるから、僕達遠慮してたんですよ」

後輩が言うには、サークルの先輩方も、その女性を見ては、首を傾げていたという。

「先輩方も、あいつあんなに女癖悪かったっけって言ってたんですよ。同じサークルの女の子と付き合って、その上、別の女の人も連れ回して何なんだって」

「あのさ。俺それ見えてないんだわ――」

大学の間だけではなく、卒業してからも、リンスケさんはその女性の姿を間近で見たことがない。

後輩の言うことを信じるのであれば、自分以外には皆見えていたということではないか。

確かに、それは卒業した後の周囲の反応と共通していた。

*

リンスケさんは無事大学を卒業し、札幌に本社がある会社に就職した。

配属は旭川支社だった。

その入社した春に、会社で新人歓迎の花見が行われた。

朝、花見の会場に到着して、先に来ていた先輩方におはようございますと挨拶をすると、一人の先輩がリンスケさんの顔をじっと見てニヤニヤしている。

その表情が気になったので、リンスケさんは訊ねた。

「先輩、どうかされたんですか？」

「あれ？　お前さぁ。彼女はどうした？」

「いや、俺一人で来てますけど――」

「いやいやいや。隠さなくてもいいよ。一緒なんでしょ？」

「本当に一人ですよ。何なんですか」

押し問答になりかけた。

だが、先輩が言うことには、花見の会場から駐車場が見える。

その駐車場にリンスケさんの車が停まった。ドアが開いて車からリンスケさんが降りると、女の子も一緒に降りてきたのが見えたらしい。

「で、車からお前にぴったり寄り添ってさ、何かいい感じの雰囲気でこっちに歩いてくるんだよ。それが見えたんだよ」

「――」

「お前、その彼女、何処行ったんだよ。怒らないからさぁ。言ってみろよ」

そう言われてもリンスケさんには身に覚えがない。

「だから一人ですって――それで、ちょっとつかぬことをお伺いしますが、その彼女って、どんな外見してました？」

先輩に訊くと、彼は即答した。

「背はお前の胸くらいかなぁ。細身で髪の毛は肩ぐらいまであって、白地に青い花柄？模様の付いたワンピース着てたんだよね」

それを聞いたときに、リンスケさんの脳裏には、神居古潭で見た女の子が思い浮かんだ。

あれから四年近く経っているが、その子の外見はありありと思い出せた。

確かに細身で髪の毛が肩口くらいまでの長さ。白地に小さい青い花柄のワンピースを着ていた。

完全に一致する。しかし、何故今あの子のことを思い出したのだろう。

——ちょっと待ってくれよ。見間違いだろ？　そんなこと絶対あり得ないだろ。あれから何年経っているって言うんだよ。

だが、おかしな経験はそのときだけではなかった。

ある朝出社して、外回りに出発しようと、駐車場に向かった。

シートベルトを着けてエンジンを掛け、サイドブレーキを解除しようとした際に視線を感じた。

運転席から辺りを見回すと、支店長が会社の窓からリンスケさんのほうを見ている。

彼は不意に会釈をしてきた。

——支店長何やってんだよ。気持ち悪いなぁ。

リンスケさんは会釈を返すと、小声で「いってきまーす」と呟いて外回りに出かけた。

午前中の仕事を終えて会社に戻った。

外回りから戻ってくるや否や、支店長から呼ばれた。

「お前ちゃんと客先回ってきたんだろうな」

「回ってきました」

「そうか——いや、まだなぁ、若いからなぁ。ダメとは言わないよ。若いから。気持ちは分かるよ。でもねぇ、――外回りに彼女を連れていくのはどうかなぁ」

「え？　連れていってないですよ」

何故支店長がそんなことを言うのか、リンスケさんにはまるで覚えがない。

「いいのいいの。いいんだよ。怒ってないから。けどね。仕事だからなぁ。公私混同させちゃいけないよ。会社にね、彼女連れてくるのはダメ。いいね？」

そんなことは支店長に言われるまでもない。

これはひょっとしたら、先日の花見のときと同じなのではないか。

そう思ったリンスケさんは、支店長に訊ねることにした。

「すいません、支店長。彼女って――一体どういう格好していましたか？」

「ちらっとしか見えなかったけど、髪の毛肩ぐらいで、青い模様の付いたワンピースを着ているんだよ。その子が俺のほうに頭下げて挨拶してくるから、俺も挨拶返したんだよ」

やはり花見のときも今回も、同じ女性のことを指しているとしか思えない。

ただ、今になってあの女が出てくるなんてあり得るのだろうか。

一体どうしたのだろう。

――気持ち悪くなってきたな。

それ以降、リンスケさんの運気はどんどん悪くなっていた。

視界に奇妙なものがやたらと入り込んでくる。

誰かに呼びかけられたと思って返事をしても、誰も声を掛けていないと言われる。

部署の人間からも、次第におかしな目で見られることが多くなってきた。

そして数年後、彼は旭川から札幌の本社に転勤することになった。

札幌での仕事にも慣れた頃のことだという。

たまたま会社が休みの日に、よく昼休みに食事をしに行く店に寄った。

昼は定食屋をやっており、夜は飲み屋として営業している小さな店だ。雰囲気が良く、リンスケさんも気に入っていた。

平日ともなれば、週に何度も寄るので、その店では顔馴染みだ。

「こんにちはー。まだお昼の営業やってます？」

お昼の時間は大分過ぎていた。

「あら、私服なんて珍しいね。今日は会社休みなんだ」

私服のリンスケさんを見て、女将さんが声を掛けてくれた。

「そうなの。休み休み。いつものホッケ定食まだある？」

「あるよ。ほら、そっちに座ってな座ってな」

案内されて席に座ると、コップが二つ出てきた。更におしぼりも二つ置かれる。

リンスケさんはギョッとした。

「おばちゃん今日俺一人だよ？」

「え、まったぁ。冗談言わないでよ。だって、あたしも珍しいねと思ったんだよ。彼女連れてくるの初めてだからさぁ」

「いやいや俺一人だから。冗談やめてよ」

「あんたがガラガラって入ってきたじゃない。そうしたら、すぐ横にぴったりくっついてる女の子がいるからさ。あら、珍しく彼女連れてきたって、旦那と喋っていたんだよ」

「ええ？　どんな子さ」

「どんな子って――ちょっと細身で。白地に青い花か何かを散らしたようなワンピースを着てたよ」

白地に青い花のワンピース。

人づてには何度も聞いた服装だ。それゆえに不穏な気持ちが渦巻く。

「うん。その子ね、あんたが席に着くと、トイレのほうに行ったよ。――そういやトイレ長いね。ちょっと見てくるわね」

女将さんはトイレを確認しに行ったが、すぐに首を何度も傾げながら戻ってきた。

「あれ、おかしいね。トイレに誰もいないんだよね」

「俺一人ですって――」

「でも確かにあんたと一緒に入ってきたんだよ」

旭川だけではなく、札幌でも同様のことが続くようになった。

もう気のせいや冗談では済まされないだろう。

次第にリンスケさんはそのことが怖くなってきた。

何で神居古潭の女の子が来ているのだろうか。

それも不思議だったが、何よりも自分にはその子は見えず、周囲の人間はその子のことをよく見かけているのだ。

生きている人間だと思われているだけでなく、付き合っている彼女がいて、その子と休みの日も、場合によっては仕事のある日も一緒に過ごしている――。周囲にはそんなイメージが固まりつつあるようだった。

ある日、リンスケさんは仕事帰りに、趣味のプラモデルを買うために、札幌の郊外にある馴染みの模型店に寄ろうと考えた。

彼はその模型店が主催している模型クラブのメンバーだった。ただ、その日に行こうと思い立った時刻は、既に夜の九時を回っていた。

通常であれば店は閉まっている。

会社から見れば、その店は自分の住んでいるアパートと反対側になる。

だから今になって考えると、何故そのタイミングで店に向かったのかは分からない。

――流石にやってないかなぁ。

車を飛ばしても二十分ほどは掛かる。

別段今欲しいプラモデルがある訳でもない。

だが、今すぐに行かねばならないという気持ちに歯止めが利かない。


「こんばんは。まだやってますか？」

店のドアを開けると、模型店はまだ営業しているようだった。

正確には営業は終了しているようだが、たまたま店の一角にある〈談話室〉と呼ばれるスペースに、模型クラブのメンバーが集まって、イベントの打ち合わせをしているようだった。

見知ったクラブの仲間が数人。知らない顔がちらほら。

そこに初老のおばさんが座っている。

「あ。どうも。こんばんは」

するとと奥から模型屋の社長が出てきて、そのおばさんのことを紹介してくれた。

「あ、こっちリンスケ君。模型クラブのメンバーね。それで、これが吉田さんのお母さん」

「いつもお世話になっています」

リンスケさんはそう言って頭を下げた。しかし、正直なところ吉田さんの顔は覚えていなかった。

女性からの、「うちの息子がお世話になっています」といった返しが来るのではないかと予想していたが、吉田さんのお母さんは無言のまま、扉の横に立つリンスケさんの顔をじっと覗き込んだ。

瞬きひとつすることなく、見つめられている。周囲もどうしたのかと無言のままだ。

リンスケさんにも次第に不安な気持ちが湧き起こってきた。

──あれ、自分はこの人に変なことでもしただろうか。挨拶には失礼なことはなかったと思うんだけど。

疑問に感じたリンスケさんは、作り笑顔で会釈した。すると、吉田さんのお母さんが厳しい顔をした。

「あんたちょっとおいで」

——え。俺何かやった？

戸惑っていると、女性は繰り返した。

「ここに来て、ちょっと座りなさい」

すると、社長が助け舟を出してくれた。

「いいからいいから。ほらリンスケ君。こっち来て吉田さんの前に座んな。席開けてもらって。そこ座んな」

社長の言葉を受けて、皆も席を空けてくれた。

「あ。失礼します」

戸惑いながらもソファに腰掛けた。

吉田さんのほうに視線を向けると、彼女は怒ったような、戸惑ったような顔をしている。

——やっぱり、知らないところで何か迷惑掛けちゃったりしたのかなぁ。

リンスケさんが不安になっていると、吉田さんが口を開いた。

「あんたそれどっから拾ってきた？」

「え。拾ってきたって、何をですか？」

戸惑うリンスケさんには心当たりがない。

「違う違う。後ろ後ろ。あんたの後ろにいるの。どっから拾ってきた？」

「え、何ですか？」

「あんたの後ろの右手。そこにね。ちょっとぷくっとした女の子がいて、髪はソバージュ掛かっているかな。——順子さんっていう名前の人知らないかい？」

ぷくっとしていてソバージュで順子——それには心当たりがある。

「順子なら、大学生のときに付き合ってた彼女です」

「そうでしょう。その子、〈あ〉っていう字が付く場所に住んでいないかい」

「芦別《あしべつ》です」

芦別はリンスケさんの実家のある赤平の東隣の市だ。

「その子が右肩にいるよ。生き霊だね」

「はぁ。生き霊ですか」

ずばずばと言う人だなと思った。

元彼女のことを当てたのは凄いが、初対面の人に、いきなり別れた彼女の生き霊が憑いていると言われるのは、いい気分ではない。

吉田さんは、リンスケさんのことを再び睨むようにして続けた。

「でもその子じゃないんだよ。その子はいいの。その子はいいんだけど——あんたの左肩だ。それ、何処から持ってきた」

「え、左肩って、他にも何かいるんですか？」

不安が湧き起こる。

「あのねぇ。ちょっと細身なんだけどさ。髪の毛がこれくらいまであって、青い花なのかなぁ。模様の一杯付いた白いワンピース着てるよ」

吉田さんは「これくらい」のところで肩の辺りを手でとんとんと叩いた。

「その女の子がねぇ、左肩から、あなたの昔の彼女の生き霊をカッと睨んでるんだよ。あんたそれね、とんでもないよ」

「えええ。何ですか、何ですか」

リンスケさんは狼狽《ろうばい》した。

「あんたねぇ。それ、本当にどっから連れてきたか教えてくれる――？」

そこで彼は、大学時代に肝試しに神居古潭に行き、そこで女の子の幽霊を見た話から始まり、大学時代に起きたこと、就職してから起きたことなどで、同じ女の子の幽霊絡みと思われる体験を、全て話した。

周囲で聞いていたメンバーが、心配そうな顔をした。

「リンスケ、それって本当に大丈夫なのか」

「俺は最初に見たとき以来、見えてないいんだよ。だから全然分からないんだけど、みんな見てるって言うんだよ」

　すると吉田さんは厳しい顔をしたまま続けた。

「あー。うんとねぇ。あんたねぇ。左肩にいる子だけど、彼氏なのかねぇ、旦那さんかなぁ。分かんないけど、それに外見が似てるんだよ。だから、ああ、やっと見つけたって気持ちであんたに憑いてるね。でねぇ。あんたこのままだと、持ってかれるね」

　不穏なことを言われ、リンスケさんは慄いた。

「え。僕、死ぬんですか⁉」

「いや、死ぬかどうかは分からないけど、相当精神的に持っていかれるだろうねぇ。それ、ちょっとまずいよ。とりあえず、今夜は家に帰るんじゃない。あんたここに泊まっていきなさい」

「え、泊まっていけって」

　急にそんなことを言われても、何の準備もしていない。

「いいから泊まっていきなさい。何より命のほうが大事でしょ。それで朝、陽が出て外が明るくなったら大丈夫だから。そうなったら帰っていいから。でもそれまでは絶対に外に出ちゃダメだよ」

　泊まれと言われても、お店の都合もあるだろうに。

すると、社長が「いいよいいよ」と口を挟んだ。

「あんたの仲間だって、いつもそこに泊まってるだろ。いいから。リンスケ君は泊まっていきなさいよ。何か事故とかあったら、そっちのほうが嫌だよ」

「え。いいんすか」

「ああ、いいよいいよ。ほら。お腹が空いたらカップ麺とかのある場所も知ってるだろ。あれも自由に食っていいから。とにかく今夜は吉田さんのお母さんの言う通りにしておきなさい」

吉田さんの言葉には、まだ半信半疑だったが、お世話になっている社長にそこまで言われたら従う他はない。

「分かりました。ありがたく泊めさせていただきます」


吉田さん親子が帰宅し、付き合ってくれた模型クラブのメンバーも、夜半過ぎまでには全員解散した。

仮眠しようとソファに横になると意識が遠くなった。次にふと目が覚めると、もう朝だった。空が白くなりかけている。

——もうそろそろいいかなぁ。

ただ、念のために完全に空が明るくなるまで待った。

店のドアはオートロックになっていて、鍵がなければ再度入店はできない。忘れ物がないかを確認し、店舗から外に出る。

駐車場には乗ってきた白いボックスタイプの社用車が駐めてある。

帰るためには石狩街道を通って札幌の市内を抜けていく。

だが、アパート方面に向けて走っていくと、途中で渋滞していた。

何が起きているのかと様子を窺うと、警察が出ており、片側交互通行になっていた。

どうやら大きな事故が起きたらしい。

――早朝から事故ってのは大変だな。

対向車線からはみ出して大型のダンプカーが停まっている。どうもそれが乗用車に突っ込んだようだ。

通過するときに、白いボックスタイプの商用車の運転席が潰れているのが見えた。マツダのボンゴだ。運転席側のピラーも曲がり、フロントガラスも大破して、ぐちゃぐちゃになっている。

これは運転手は無事では済まないな――。

恐らく原因はダンプカーの運転手の居眠り運転か何かだろう。衝突されたほうはひとたまりもなかったはずだ。何より、ダンプカーのフロント部分は、バンパー以外に、殆どダメージがない。

——朝から大変な事故を見てしまったなぁ。

そう思いながら横目で見つつ通過する。

——あれ。ちょっと待て。

一つ気が付いたことがあった。リンスケさんが今乗っている車が、正に白のマツダのボンゴだった。

今し方事故っていた車も、同じ車種だ。色も同じ。

いやこれって——。

全身に鳥肌が立つ。

いやいや。それは考えすぎだろう。

必死にその考えを押さえ込んだ。


その晩、再び模型店まで足を運んだ。お礼を言おうにも、吉田さんとは連絡先すら交換していなかったからだ。

だが、店内に入ると、談話室に吉田さんのお母さんが待っていた。

リンスケさんは会釈した。

「昨日はありがとうございました」

「大丈夫だったかい？」

「はい。今のところ特に何もありません。ところで——一つ聞いていいですか？」

今朝目撃した事故のことを話題に出した。

「これは僕の考えすぎかもしれませんけど、昨日あのまま帰ったら、被害者は僕だったたってことでしょうか」

「そうだよ。だから帰るなって言っただろ。多分帰っていたら、あんたがその事故の被害者になってただろうね。車同じだったたろ」

「同じでした」

「そうだろう。でも昨日で終わりって訳じゃないから。一週間後に、ちゃんと清めてあげるから、このお店にもう一回来られるかい。今度はあんたの車でおいで。そっちに憑いてるから」

もうこうなったら吉田さんに乗るしかない。

「分かりました」

「それまでは、清めの塩を渡しておくから、肌身離さず持ってなさい」

吉田さんから、塩の入った巾着袋を受け取った。

一週間後に模型店に行くと、吉田さんが既に準備をしてくれていた。

「さぁ、始めるよ。車には塩を掛けていいか」

もう覚悟は決まっている。

「いいですよ。好きにしてください。ただ車の中が突然臭くなっちゃって。嗅いだことない匂いになっちゃったんですよ」

獣臭というのだろうか、それに更に下水溝の臭いをブレンドしたような、吐き気のする臭気が、ドアを開けた瞬間に周囲へ流れ出した。

「ああ。こういう臭いがするだろうね。死人が車に憑いちゃってるからね。――それじゃ、始めるよ」

だが始まったはいいが、吉田さんはゲーゲー吐くわ、無理かもしれないと言い出すわで、どうにも一筋縄ではいかないようだった。

ただ、リンスケさん自身には何も手出しができる要素はない。

吉田さんが無事終えるのを待つだけだ。

結局祈祷自体は二時間以上掛かったが、吉田さんは最後に肩の荷が下りたという表情でリンスケさんを呼んだ。

「よーし、終わったよー。車乗っていいよ」

リンスケさんが促されるままに車のドアを開けると、車から先刻までの異臭が抜けていた。むしろ、芳香剤の匂いが強すぎて、目が痛くなるほどだった。

「こんなに違うものなんですか」

「そりゃそうよ。あんたに憑いてたのは、相当強かったからね」

儀式が終わると、次は様々な注意を聞かされた。

「あんた、普段からこの白い車乗ってるでしょ。あんたの話じゃ、実家は赤平ってことだったけど、旭川のほうに行くことってのはあるのかね」

「ええ。付き合ってる彼女がいるので、休みの日は旭川まで行きますよ」

「そうなると、神居古潭の前を通るね——あんたね。悪いけど、しばらくは旭川に行くのやめときなさい」

どうも吉田さんの説明によれば、今し方祓った女の幽霊は、一旦離れて神居古潭に戻っているらしい。しかし、リンスケさんが神居古潭の横を通れば、また会いに来てくれたと思って憑いてくる。それでは元の木阿弥だというのだ。

「だからね、彼女のほうから来てもらうとか、とにかくしばらくの間は、神居古潭の前を通るのは控えなさい。あと、今度から白い車買っちゃいけないよ。白い車乗ってると、また見つけられるからね」

実際、リンスケさんはそれ以降、今の今まで白い車を買っていない。


リンスケさんは吉田さんにお礼を渡そうとしたが、彼女は頑なに受け取らなかった。

「もう終わったから帰っていいけどね、これから大事なことを言うから必ず守るんだよ」

最後に吉田さんは、自動車を運転する立場からすると驚くようなことを言った。

「アパートに着くまで、絶対後ろ見ちゃダメだよ。バックミラーも見ちゃダメ。サイドミラーもダメ。とにかくまっすぐ前を向いて走りなさい」

——そんなことは不可能だろう。

「絶対見ちゃダメだからね。後ろを見たら、また来るよ。絶対に来るから。だから後ろを見ないこと。まっすぐ前を見て走りなさい」

吉田さんは何度もそう繰り返した。

そこまで念押しされてしまうとその通りにしないといけない気持ちになる。

幸いアパートまでは殆ど直進だ。

バックするのに後ろを向くなと言われてるから、駐車場も前から突っ込んで停めた。

自分の部屋までは振り向かずに――。

アパートのドアを開けて、中に入る。振り向いてはいけない。

リンスケさんは後ろ手にドアを閉めた。そのままベッドに倒れ込み、そこからの記憶がない。


数日して、また模型店に足を向けた。今日は吉田さんの姿はなかった。

店長がいたので、訊いてみることにした。

「あの、吉田さんのお母さんって、どんな人なんですか」

「あの人はねぇ。地元の交番の方からも相談を受けたりする人なんだよね。ほら、行方不明になった人とか出るじゃない。そうしたら聞きにいくんだって。今まで何件も解決してるらしいよ」

どうもそういう方面で信用されている人なのだそうだ。

その以降、青い花柄の白いワンピースの女の子が一緒にいるのを見たと言ってくる人は、一人もいない。

これがリンスケさんが十九歳から二十五歳くらいまでの間の話だという。

その間は、怪我をしたり病気をしたり、ちょっとしたことで風邪を引いたり。昨日まで良かった人間関係が、今日は酷い状態になっていることも日常茶飯事だった。

思い返すと最悪の期間だった。メンタル自体もやられそうになっていた。

吉田さんのお母さんに会えなかったら、今どうなっているのか分からない。

そもそも今まで命があったかどうかすら確かではないとリンスケさんは語る。


「でもね――あのワンピースの女性、多分まだ神居古潭にいると思うんですよ」

リンスケさんは、しばらく前に同じ体験をした男性と知り合った。その男性は、リンスケさんから見ても、リンスケさん自身と雰囲気が似ている。

彼は深夜に肝試しに行った際に、電話ボックスで男を見たり、女がうろついているのを見たという。

そして肝試しの後で神居古潭から帰ってくると、携帯電話が鳴った。

時刻はもう午前二時を回っていた。電話番号は当時付き合っている彼女だった。

だが電話を受けても声が聞こえない。無言電話だ。それが何度も続いた。

いい加減腹が立ったので、何をしているんだと彼女に電話を掛けた。

眠そうな声の彼女が出て、電話は掛けていないと言われた。ただ、彼女はそのやりとりの後で男性に訊ねた。

「あんたさ、何処にいるの？」

アパートの部屋だと答えると、彼女の機嫌が悪くなった。

「あんた女連れ込んでるの？」

どうやら電話で喋っている後ろで、女が喋り続けているらしい。

電話を掛けたまま、すぐに部屋を飛び出したが、女の声はずっと付いてきた。

「——そんな体験したんですよ。だからリンスケさんが言っていた女って、まだ神居古潭で、リンスケさんのこと、探しているんじゃないんですか？」

追記：最近、リンスケさんはとある事情で心霊番組の撮影のロケハンを依頼され、神居古潭に足を運んだ。それ以降、ネットの動画配信の際に、女の声が混じるようになっているが、女の姿を見たという視聴者からの報告はまだないという。

あとがき

ここまで一気に読み通された方も、何度も躊躇いながらも読み通された方も、まず最初にあとがきをお読みになっている方も、皆様どうもお疲れ様です。御無沙汰しております。又は初めまして。著者の神沼三平太です。

本書は「蒐」シリーズ第二弾となります。シリーズ各巻の毎回のコンセプトは異なりますが、「長い話」も収録していくというのはまえがきに記したとおりです。今回は怪談仲間の体験談も幾つか収録させていただきました。特にリンスケさんの神居古潭の話は、ネットで断片をお聞きになった方もいらっしゃるかもしれませんが、基本的に本書収録のものが「完全版」となります。楽しんでいただけましたら幸いです。

他にも本書では、「揺籃蒐」のタイトル通り、キーワードが「子供」となっている話が中心になっています。それにしても子供が酷い目に遭う話が苦手なので、今回の作品は書き進めるのに大変苦労しました。誰ですか、今更人間の真似しても無駄ですよとか言うのは。そんな訳で、遅々とした執筆速度で、各方面に御迷惑をお掛けしてしまいました。いや、本当に申し訳ございませんでした。

さて、二〇二〇年から始まった新型コロナウィルスによるパンデミックに関して、二〇二三年一月末の状況について、今回も記録として残しておきたいと思います。まず本年五月八日から新型コロナウィルス感染症は五類への移行が決定されました。

オミクロン株により致死率は下がったものの、一方で感染力は高まったため、死者数は多くなっています。又、より感染力の高い「XBB・1・5（クラーケン）」が北米で感染拡大しており、今後日本に入ってくる可能性が高いとされています。政府は新型コロナパンデミック前に社会を戻す方針のようですが、守りは各自で固める必要がありそうです。果たしてこの「五類移行」が吉と出るか凶と出るか——。

それでは最後に、いつもの感謝の言葉を。まずは何より体験談を預けて下さった体験者の皆様。取材に協力して下さった皆様。編集の加藤さん。いつも生温かく見守ってくれる家族。そして本書をお手に取っていただいた読者の方々に最大級の感謝を。

皆様くれぐれも御自愛下さい。ここ最近毎年書いておりますが、やはり同様の言葉で締めさせていただきます。去年の今頃はコロナ大変だったね。そんなことを朗らかに言い合える日々が早く訪れますように。

それではお互い命がありましたら、またどこかで。

神沼三平太

二〇二三年二月二日

実話怪談 揺籃蒐

2023年3月6日　初版第一刷発行

著者……………………………………………………………………神沼三平太
カバーデザイン………………………………………………橋元浩明（sowhat.Inc）

発行人…………………………………………………………………後藤明信
発行所……………………………………………………………株式会社 竹書房
〒102-0075　東京都千代田区三番町8-1　三番町東急ビル6F
email: info@takeshobo.co.jp
http://www.takeshobo.co.jp
印刷・製本………………………………………………………中央精版印刷株式会社